상위 5%를 위한

중학 영문법

뽀개기

KB177486

중학 영문법 **뽀개기 Level 1**

지은이 김대영·박수진
펴낸이 안용백
펴낸곳 (주)넥서스

출판신고 1992년 4월 3일 제311-2002-2호 ⑬
04044 서울특별시 마포구 양화로 8길24
Tel (02)330-5500 Fax (02)330-5555
ISBN 978-89-93164-26-8 53740

www.nexusEDU.kr
NEXUS Edu는 (주)넥서스의 초·중·고 학습물 전문 브랜드입니다.

상위 5%를 위한

중학 영문법

뽀개기

1
LEVEL

김대영 · 박수진 지음

Grammar

NEXUS Edu

중학 영문법
뽀개기 시리즈를 내면서

여러분의 긴 시간과 노력에도 불구하고 항상 넘기 어려운 산처럼 느껴지는 것이 영어일 것입니다. 영어는 우리말과 다른 언어 규칙을 가지고 있기 때문에 단어와 숙어만을 나열한다고 해서 상대방과 영어로 정확한 의사소통을 할 수 있는 것은 아닙니다. 이렇게 우리말과 전혀 다른 언어 구조 형식을 가진 영어를 짧은 시간에 가장 쉽게 파악할 수 있는 길을 찾아야 하는데 이 해결책이 '영문법'입니다.

영문법 학습이 산과 같은 부담감으로 다가올 수도 있지만, 영문법 학습은 건물의 기초 공사처럼 영어에 있어 필수적인 부분이 아닐 수 없습니다. 단순히 문법 문제 몇 개 더 맞히기 위해서 문법을 공부하는 것은 아닙니다. 정확한 해석, 원활한 의사소통, 적절한 어휘 구사 등 영어의 어느 한 부분도 영문법을 빼놓고는 말할 수 없습니다. 부실한 뼈대 때문에 골다공증에 걸린 듯 헤매고 있는 우리의 영어에 튼튼한 뼈대를 구축하는 일이 무엇보다 중요합니다.

〈중학 영문법 뽀개기 시리즈〉는 기존의 중학 영문법 시리즈들이 대부분 한자어식 설명을 방대하게 나열하기만 해서 오히려 학습자의 학습 의욕을 떨어뜨렸던 것과는 달리 딱딱하고 어렵게만 느껴졌던 영문법을 좀 더 쉽고 재미있게 학습할 수 있도록 구성되었습니다. 문장, 구문, 품사, 기본 개념에 대한 전체적인 맥락을 잡고, 다양한 문제를 통해 좀 더 세밀한 학습을 함으로써 학교 내신뿐만 아니라 앞으로 만나게 될 다양한 시험 형태에 대비할 수 있는 교재입니다. 단순히 영문법을 나열하고 설명하는 것에 그치지 않고 수많은 문제를 통해 학습자로 하여금 원리를 파악할 수 있도록 한 것이 〈중학 영문법 뽀개기 시리즈〉의 특징이라고 할 수 있습니다.

영문법 학습의 혁명과도 같은 〈중학 영문법 뽀개기 시리즈〉의 출간을 계기로, 이 책을 접하는 모든 이들의 영어 뼈대가 보다 튼튼해지길 바랍니다.

끝으로 원고를 교정, 검토, 편집해 주신 분들께도 지면을 빌려 감사드립니다.

저자 김대영, 박수진

이 책의 특징

내신 시험에 완벽하게 대비할 수 있습니다.

교과서에 나오는 핵심 문법을 빠짐없이 정리하고 학교 시험에서 출제되는 문제를 철저히 분석해 내신 시험에 완벽하게 대비할 수 있도록 했습니다.

고등 영문법의 기초를 세워줍니다.

〈중학 영문법 뽀개기 시리즈〉를 통해서 중학 영문법을 마스터할 수 있을 뿐만 아니라 고등 영문법의 기초를 확립할 수 있습니다.

단순한 문법 교재가 아닙니다.

학습한 문법 내용을 어휘, 독해와 회화에 적용하여 학생들이 문법만을 학습하는 것이 아니라 전반적인 영어 실력을 향상 시킬 수 있도록 한 교재입니다.

지루하게만 느껴졌던 문법을 쉽고 재미있게 학습할 수 있습니다.

학생들이 어렵고 딱딱하다고 느낄 수도 있는 문법을 간단한 설명과 예문 위주로 쉽게 풀어써 보다 이해하기 쉽고 재미있게 느낄 수 있도록 구성했습니다. 충분한 학습을 통해서 내신 만점만이 아니라, 토플이나 텝스 등과 같은 테스트에서도 고득점을 성취할 수 있는 토대를 마련할 수 있습니다.

이 책의 구성

Words Pre-Test

각 Chapter를 학습하기 전에 그 Chapter에 나오는 주요 어휘를 알고 있는지 점검할 수 있는 Words Test 부분을 마련해 문법뿐만 아니라 어휘 학습의 기회를 제공합니다.

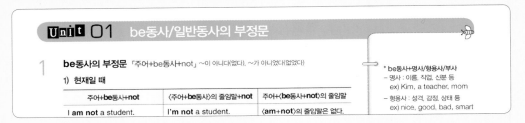

문법 Point

각 학년의 핵심 문법 사항을 각 Unit당 2~4개로 간략하게 정리해 학생들이 한눈에 볼 수 있고 각 사항에 2~3개의 예문을 제공하여 쉽게 이해할 수 있도록 구성했습니다.

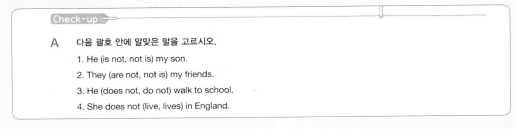

Check-up

각 Unit에서 학습한 내용의 개념과 규칙 등을 간단하게 확인할 수 있는 문제를 제공해 학생들이 각 Unit의 문법 사항을 바로 확인하고 적용할 수 있도록 구성했습니다.

Check-up

A 다음 괄호 안에 알맞은 말을 고르시오.

1. He (is not, not is) my son.

2. They (are not, not is) my friends.

3. He (does not, do not) walk to school.

4. She does not (live, lives) in England.

개념확인문제

Unit 2개 또는 3개가 끝날 때마다 개념확인문제를 넣어 학습한 내용을 중간 확인할 수 있는 단계를 마련했습니다.

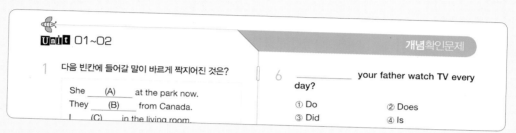

Review Test

해당 Chapter에서 배운 내용을 총 정리하는 내신 스타일의 문제로 내신에 완벽하게 대비할 수 있습니다.

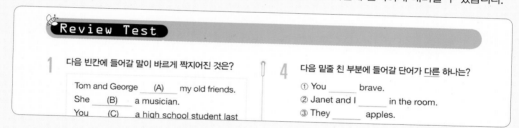

Reading & Grammar in Conversation

학습한 문법 사항을 독해와 회화를 통해서 다시 한 번 더 복습할 수 있는 장치를 제공합니다.

실전모의고사 1, 2, 3회

학습한 문법의 전체 내용을 점검할 수 있는 실전모의고사 수록

이 책의 차례

Warm-Up

Be-Verbs

Verbs

Grammar

The future belongs to those who believe in the beauty of their dream.
미래는 자기 꿈의 아름다움의 가치를 믿는 사람들의 것이다.

★ ★ ★

루즈벨트 대통령의 영부인 Eleanor Roosevelt

be동사와 일반동사

1 **be동사** 「~이다」, 「~이 있다」, 「~이 되다」

1) be동사의 종류

인칭	수 / 격	주격 (-는/-은, -이/-가)	be동사		
			현재	현재형 줄임말	과거
1인칭	단수	I (나는)	I am	I'm	I was
	복수	we (우리는)	We are	We're	We were
2인칭	단수	you (너는)	You are	You're	You were
	복수	you (너희들은)	You are	You're	You were
3인칭	단수	he (그는)	He is	He's	He was
		she (그녀는)	She is	She's	She was
		it (그것은)	It is	It's	It was
	복수	they (그들은)	They are	They're	They were

2) be동사의 의미

(1) 「~이다」

I am happy. I am your fan.

You are my sunshine.

They are young.

(2) 「~이 있다」

Where are you?

We are in the garden.

Tony is in the kitchen.

(3) 「~이 되다」

I will be 16 next month.

He wants to be a doctor.

「There is+단수명사/There are+복수명사」 '~이 있다, 존재하다'

There는 주어가 아니고, be동사 다음에 오는 명사가 실질적인 주어가 되어 be동사 다음에 오는 명사의 수에 따라 be동사가 결정된다.

There is a bag by the desk.

There are some cookies on the table.

There was a pond near this house.

---

2 **일반동사** be동사와 조동사를 제외한 모든 동사를 일반동사라 하고 동작이나 상태를 나타낸다.

1) 일반동사의 종류

종류 \ 구분	정의	형태	해당 동사의 예
자동사	목적어가 필요 없는 동사	자동사 + 목적어 (×)	go, seem, live, appear
타동사	목적어를 필요로 하는 동사	타동사 + 목적어 (○)	like, want, have, know
자·타동사	목적어가 필요, 또는 필요 없는 동사	자·타동사 + 목적어 (○,×)	sing, play, say, walk

2) 일반동사의 현재형

주어가 3인칭 단수인 경우에만 3인칭 단수형을 쓰고, 그 밖의 경우에는 인칭과 수에 관계없이 모두 원형을 쓴다.

I play the piano very well.

We play the violin very well.

You play the guitar very well.

He plays the cello very well.

She plays the trumpet very well.

They play the flute very well.

3) 일반동사의 3인칭 단수 현재형 만드는 법

대부분의 동사	동사원형 + -s	comes, sings, runs, … helps, likes, speaks, …	유성음 뒤 : [z]로 발음 무성음 뒤 : [s]로 발음
-s, -ss, -x, -sh, -ch로 끝나는 동사	동사원형 + -es	passes, mixes, washes, teaches, …	[iz]로 발음
「자음 + y」로 끝나는 동사	y 를 i 로 바꾸고 + -es	cry cries, study studies, fly flies, …	[z]로 발음
「자음 + o」로 끝나는 동사	동사원형 + -es	does, goes, …	-es은 [z]로 발음
「모음 + y」로 끝나는 동사	동사원형 + -s	plays, enjoys, says[sez], …	

[주의] have의 3인칭 단수형 : haves가 아니라 **has**

He speaks English well.

Ann teaches science.

She goes to school by bus.

He studies English hard.

Tom has a lot of toys.

4) 일반동사의 과거형

(1) 규칙 변화 : 동사원형에 -(e)d를 붙여 과거형을 만드는 경우

대부분의 동사	동사원형 + -ed	cleaned, helped, opened, started, talked, visited, …
-e로 끝나는 동사	동사원형 + -d	liked, hoped, died, moved, agreed, …
「자음 + y」로 끝나는 동사	y를 i로 고치고 -ed	study → studied, cry → cried, try → tried, copy → copied, …
「모음 + y」로 끝나는 동사	그대로 -ed만 붙임	played, enjoyed, stayed, …
「단모음 + 단자음」으로 끝나는 1음절 동사 강세가 있는 「단모음 + 단자음」	자음을 한 번 더 쓰고 -ed	stopped, begged, planned, …

I helped my sister cook yesterday.

I liked an old car.

He studied physics very hard.

She enjoyed reading novels.

My father stopped the work.

(2) 불규칙 변화 : 규칙 동사와 달리 일정한 규칙이 없는 경우

A-A 형 (원형 = 과거형)	A-B 형 (원형 ≠ 과거형)
put - put set - set let - let cut - cut cost - cost hurt - hurt	come - came run - ran find - found buy - bought catch - caught meet - met write - wrote take - took fly - flew

She put sugar in her coffee.

They bought a beautiful house.

Andy went to the school.

I read books about history.

He took a vacation in Bali.

A 다음 괄호 안에 알맞은 말을 고르시오.

1 I (am, is, are) a middle school student.
2 She (am, is, are) smart.
3 We (am, is, are) in the living room.
4 It (am, is, are) a tea table.
5 He (was, were) in New York in 2007.
6 I (was, were) 13 years old last year.
7 They (was, were) classmates in elementary school.
8 There (am, is, are) a computer.

B 다음 빈칸에 가장 알맞은 말을 고르시오.

1 _____ is a good doctor.
　① I　　　　② We　　　③ He　　　④ They　　　⑤ You

2 She _____ in Paris last month.
　① am　　　② was　　　③ is　　　④ were　　　⑤ are

3 They _____ very late yesterday.
　① is　　　② am　　　③ are　　　④ was　　　⑤ were

4 There _____ many cars on the road last night.
　① am　　　② was　　　③ is　　　④ were　　　⑤ are

5 _____ are brother and sister.
　① We　　　② He　　　③ She　　　④ It　　　⑤ I

6 _____ is a doll in the small box.
　① They　　② I　　　③ You　　　④ We　　　⑤ There

C 다음 밑줄 친 부분을 줄여 쓰시오.

1 <u>I am</u> your English teacher. → _____

2 <u>She is</u> very honest. → _____

3 <u>They are</u> husband and wife. → _____

4 <u>We are</u> good friends. → _____

5 <u>It is</u> my cap. → _____

D 다음 〈보기〉에서 알맞은 말을 찾아 빈칸에 쓰시오. (필요하면 형태를 바꾸시오.)

보기	enjoy	read	go	fix	study	eat

1 He _____ my computer.

2 We often _____ Chinese food.

3 They _____ novels at the library.

4 My brother _____ to school by bike.

5 She _____ English very hard to get a job.

6 Alice _____ reading comic books.

E 다음 괄호 안에 알맞은 말을 고르시오.

1 Ann (take, takes, took) a bus yesterday.

2 I (have, has, had) a great time last Saturday.

3 My mother (buy, buys, bought) a digital camera last month.

4 We (plan, planned, planed) to go abroad last year.

5 They (eat, ate, eated) hamburgers for dinner three days ago.

6 My sister and I (makes, maked, made) a nice cake this morning.

F 다음 빈칸에 가장 알맞은 말을 고르시오.

1 The baby _____ a lot last night.
　① cried　　　　② cryed　　　　③ cry　　　　④ cries　　　　⑤ was cry

2 Her son _____ a famous musician three years ago.
　① become　　　② became　　　③ becomes　　　④ becomed　　　⑤ was become

3 She _____ twenty books in 2000.
　① writed　　　② writes　　　③ wrote　　　④ write　　　⑤ did write

4 His parents _____ about him yesterday.
　① worried　　　② worryed　　　③ worry　　　④ worries　　　⑤ was worry

5 My father _____ smoking last year.
　① stops　　　② stopped　　　③ stop　　　④ stoped　　　⑤ was stop

6 Mark _____ in New York two days ago.
　① stays　　　② stay　　　③ was stay　　　④ stayed　　　⑤ staied

G 다음 괄호 안의 동사를 빈칸에 알맞게 고쳐 쓰시오.

1 She _____ the piano very well. (play)

2 They _____ up early in the moring. (get)

3 My sister _____ a beautiful doll last year. (have)

4 I _____ to the movies with my friends last Sunday. (go)

5 They _____ in America two years ago. (live)

6 We _____ a big fish in the river last weekend. (catch)

7 The toy store _____ at seven every day. (close)

Chapter 1

다양한 문장의 종류 살펴보기

Grammar

Words Pre-Test

- ☐ honest _____
- ☐ kind _____
- ☐ fast _____
- ☐ late _____
- ☐ expensive _____
- ☐ dictionary _____
- ☐ hungry _____
- ☐ exam _____
- ☐ clever _____
- ☐ break _____
- ☐ exercise _____

- ☐ helpful _____
- ☐ diligent _____
- ☐ last _____
- ☐ weekend _____
- ☐ office _____
- ☐ clam _____
- ☐ brave _____
- ☐ delicious _____
- ☐ exciting _____
- ☐ wise _____
- ☐ absent _____

1 be동사의 부정문 「주어+be동사+not」 ~이 아니다(없다), ~가 아니었다(없었다)

1) 현재일 때

주어+**be동사**+**not**	〈주어+**be동사**〉의 줄임말+**not**	주어+〈**be동사**+**not**〉의 줄임말
I **am not** a student.	I**'m not** a student.	〈**am**+**not**〉의 줄임말은 없다.
You **are not** honest.	You**'re not** honest.	You **aren't** honest.
He(She) **is not** kind.	He**'s**(She**'s**) **not** kind.	He(She) **isn't** kind.
We(They/You) **are not** fast.	We**'re**(They**'re**/You**'re**) **not** fast.	We(They/You) **aren't** fast.

2) 과거일 때

주어+**was/were**+**not**	주어+〈**was/were**+**not**〉의 줄임말
I(He/She) **was not** sick.	I(He/She) **wasn't** sick.
You(We/They) **were not** late.	You(We/They) **weren't** late.

2 일반동사의 부정문 「주어+do동사+not+동사원형」 ~하지 않는다, ~하지 않았다

1) 현재일 때

주어+**do동사**+**not**+동사원형	주어+〈**do동사**+**not**〉의 줄임말+동사원형
I(You/We/They) **do not** have a bike.	I(You/We/They) **don't** have a bike.
He(She) **does not** get up early.	He(She) **doesn't** get up early.

2) 과거일 때

주어+**did**+**not**+동사원형	주어+〈**did**+**not**〉의 줄임말+동사원형
I **did not** meet her yesterday.	I **didn't** meet her yesterday.
She **did not** drink coffee this morning.	She **didn't** drink coffee this morning.

---

* be동사+명사/형용사/부사
– 명사 : 이름, 직업, 신분 등
　ex) Kim, a teacher, mom
– 형용사 : 성격, 감정, 상태 등
　ex) nice, good, bad, smart
– 부사(구) : 동사, 형용사 등을 수식하는 수식어구
　ex) nicely, on the beach

She is a teacher. (명사)
She is beautiful. (형용사)
She is in the classroom. (부사구)

* 구어체에서는 〈am+not〉의 줄임말로 ain't를 사용한다.

* 주어가 3인칭인 경우에는 주어 다음에 does not을 붙인다.

* 일반동사의 과거 부정문을 만들 때는 인칭과 수에 관계없이 주어 다음에 did not을 붙이면 된다.

Check-up

A 다음 괄호 안에 알맞은 말을 고르시오.

1. He (is not, not is) my son.

2. They (are not, not is) my friends.

3. He (does not, do not) walk to school.

4. She does not (live, lives) in England.

5. Mike (does not, is not) drive a red car.

6. It (was not, not was) expensive.

7. We (not are, aren't) from France.

8. I (don't, doesn't) have a good dictionary.

9. She (don't, didn't, doesn't) buy a new suit yesterday.

10. (I'm not, I am't) good at sports.

1 be동사의 의문문 「Be동사+주어 ~?」 ~입니까?, ~있습니까?

	be동사의 의문문	대답	
	〈Be동사+주어 ~?〉	긍정 〈Yes, 주어+be동사〉	부정 〈No, 주어+be동사+not〉
현재	**Am I** a good player?	Yes, you are.	No, you aren't.
	Are you hungry?(단수형)	Yes, I am.	No, I'm not.
	Is he(she) a painter?	Yes, he(she) is.	No, he(she) isn't.
	Are you(we/they) happy?	Yes, we(you/they) are.	No, we(you/they) aren't.
과거	**Was he(she/it)** sick?	Yes, he(she/it) was.	No, he(she/it) wasn't.
	Were we(you/they) at school?	Yes, we(you/they) were.	No, we(you/they) weren't.

> * 부정의 대답은 줄여서 대답할 수 있지만, 긍정의 대답은 줄여서 대답하지 않는다.
> No, he is not.
> ⇒ No, he isn't.
> No, they are not.
> ⇒ No, they aren't.
> Yes, I am.
> ⇒ Yes, I'm. (x)

2 일반동사의 의문문 「Do/Does/Did+주어+동사원형 ~?」 ~합니까?, ~했습니까?

인칭 · 수		의문문	대답	
			긍정	부정
현재	I/You/We/They	**Do you**(I/we/they) ~?	Yes, I(you/we/they) do.	No, I(you/we/they) don't.
	He/She/It 등 3인칭 단수	**Does he**(she/it) ~?	Yes, he(she/it) does.	No, he(she/it) doesn't.
과거	모든 인칭	**Did you** ~?	Yes, I did.	No, I didn't.

> * 의문문에 대답할 때 대명사 주의
> – 'I'로 물으면 'you'로 대답
> – 'you'로 물으면 'I'로 대답
>
>   3인칭인 경우에는
> – 'he'로 물으면 'he'로 대답
> – 'she'로 물으면 'she'로 대답

A : Do you like skiing?   B : Yes, I do. / No, I don't.
A : Does he work at a bank?   B : Yes, he does. / No, he doesn't.
A : Do they live in the city?   B : Yes, they do. / No, they don't.
A : Did she buy a new camera? B : Yes, she did. / No, she didn't.
A : Did you see the movie?   B : Yes, I did. / No, I didn't.

Check-up

A 다음 문장을 의문문으로 바꾸시오.

1. You are a singer.   → _____

2. They were police officers.   → _____

3. Your father wears glasses.   → _____

4. She came back home yesterday. → _____

5. He was really angry.   → _____

B 다음 괄호 안에 알맞은 것을 고르시오.

1. (Do, Does) you have a piano?

2. (Do, Does) Tom go to school on Saturday?

3. (Did, Does) she have a good time last night?

4. Does he (lives, live) in Seoul now?

1 다음 빈칸에 들어갈 말이 바르게 짝지어진 것은?

> She _____(A)_____ at the park now.
> They _____(B)_____ from Canada.
> I _____(C)_____ in the living room.

	(A)	(B)	(C)
①	is	are	am
②	is	am	are
③	am	are	is
④	am	is	are
⑤	are	am	is

2 다음 밑줄 친 부분 중 어법상 바르지 <u>못한</u> 것은?

① He <u>is</u> a doctor.
② <u>Are</u> you free?
③ We <u>are</u> sad.
④ <u>Am</u> Ann a student?
⑤ They <u>are</u> honest.

3 다음 중 줄임말이 바르지 <u>못한</u> 것은?

① <u>We're</u> in the library.
② You <u>aren't</u> very hungry.
③ <u>I'm</u> a designer.
④ She <u>isn't</u> from Korea.
⑤ <u>He'nt</u> a good singer.

[4~6] 다음 빈칸에 가장 알맞은 것을 고르시오.

4 I _____ think your English teacher likes In-ho more than you.

① not   ② am not
③ wasn't   ④ don't
⑤ not do

5 We _____ three years ago.

① didn't meeted   ② don't met
③ didn't meets   ④ did not met
⑤ didn't meet

6 _____ your father watch TV every day?

① Do   ② Does
③ Did   ④ Is
⑤ Be

7 다음 문장을 괄호 안의 지시에 따라 바꿔 쓰시오.

(1) Mr. Kim was a teacher. (부정문)

_____

(2) He took an exam yesterday. (의문문)

_____

[8~9] 다음 대화를 읽고, 물음에 답하시오.

> Tom : This is my sister, Ann. She's twelve.
> Ann : _____(A)_____ I'm thirteen.
> Tom : Oh, sorry, Ann.
> Ann : (B) <u>You are a good brother!</u>

8 빈칸 (A)에 알맞은 것은?

① Yes, I'm not.   ② No, I'm not.
③ Yes, I am.   ④ No, you aren't.
⑤ Yes, she is.

9 밑줄 친 (B)를 문맥에 맞게 부정문으로 바르게 고치시오.

10 질문에 알맞은 대답을 다음 〈보기〉에서 고르시오.

> 보기
> ⓐ Yes, he does.   ⓑ No, it isn't.
> ⓒ No, I don't.   ⓓ Yes, they did.
> ⓔ No, they weren't.

(1) Do you like chocolate?
(2) Is it very hot?
(3) Did they have lunch at noon?
(4) Were In-ho and Paul clever then?
(5) Does Kim Dae Young play baseball very well?

1 be동사, 조동사의 경우 「의문사+be동사/조동사+주어~?」

A : Who is she?   B : She is my sister.
A : When will you go there?   B : I will go there at six.

2 일반동사의 경우

1) 의문사가 주어인 경우 「의문사+동사 ~?」

A : Who asked that question?   B : Amy did.
A : What makes you happy?   B : The news makes me happy.

2) 의문사가 주어가 아닌 경우 「의문사+do/does/did+주어+동사원형 ~?」

A : What do you want?   B : I want the book on the table.
A : Who(m) do you like?   B : I like Walter.

> * 의문사가 있는 의문문은 의문사의 내용을 답해야 하므로 Yes/No로 대답하지 않는다.
>
> A : When do you close?
> B : Yes, we close at 10 p.m. (×)
> ⇒ We close at 10 p.m. (○)

3 의문사의 종류

who	누구, 누가	Who is he?
whose	누구의 (것)	Whose bag is this? Whose is that bag?
whom	누구를	Who(m) do you think?
which	어떤 것이, 어느	Which do you like better? Which pen is yours?
what	무엇이, 무엇을, 무슨, 어떤	What is your name? What book do you need?
when	언제	When is your birthday?
where	어디서, 어디에	Where do you live?
why	왜	Why are you so angry?
how	어떻게, 얼마나	How is the weather today? How old are you? How much is it?

> * How+형용사/부사~?
> – How old are you?
>   (나이를 물을 때)
> – How long will you stay?
>   (기간을 물을 때)
> – How often do you go
>   to the library?
>   (횟수를 물을 때)
> – How many dogs do
>   you have?
>   (개수를 물을 때)
> – How much is it?
>   (가격/양을 물을 때)

Check-up

A 다음 밑줄 친 부분을 묻는 의문문을 만드시오.

1. He plays soccer on the playground. → _____
2. Tom broke the window. → _____
3. She did her homework after school. → _____

B 다음 빈칸에 알맞은 말을 〈보기〉에서 골라 쓰시오.

보기	Which	What	How	When

1. A : _____ season do you like best?   B : I like winter best.
2. A : _____ do you do after dinner?   B : I usually take exercise.
3. A : _____ do you play the piano?   B : I play the piano on weekends.
4. A : _____ long did she stay there?   B : For four weeks.

Unit 04 부정의문문과 부가의문문

1 부정의문문

1) 의미 동사의 부정형(Isn't, Aren't, Wasn't 등)으로 시작되는 의문문 ～(하)지 않습니까?

2) 형태 「동사의 부정형 + 주어 ～?」

Isn't he a doctor?　　　　　　　Wasn't her doctor very helpful?

Can't you walk?　　　　　　　　Won't she do the work?

Don't you go to school?　　　　　Didn't you have breakfast?

3) 대답 상대방의 질문이 부정이든 긍정이든 간에 질문의 내용에 대해 자신의 대답이 긍정이면 Yes, 부정이면 No로 대답

A : Isn't he a doctor? (그는 의사가 아니니?)

B : Yes, he is. (아니, 의사야.) / No, he isn't. (응, 의사가 아니야.)

2 부가의문문

1) 의미 평서문 뒤에 의문문 형식을 덧붙인 것으로 상대방의 '동의'나 '확인'을 구하는 의문문

She is a doctor, isn't she?

You study French, don't you?

2) 형태 긍정문에는 부정의 줄임말, 부정문에는 긍정으로, 평서문의 주어는 인칭대명사로 (This, That은 it으로)

You are busy, aren't you?　　　　Jane is diligent, isn't she?

Shut the door, will you?　　　　　You don't like him, do you?

You heard the news, didn't you?　Let's play tennis, shall we?

She likes to play basketball, doesn't she?

> ** 부정의문문의 동사별 형태*
> *be동사 : 「Isn't(Aren't)/Wasn't (Weren't)+주어 ～?」*
> *조동사 : 「조동사와 not의 축약형 (Can't, Won't 등)+주어 ～?」*
> *일반동사 : 「Don't(Doesn't/ Didn't)+주어 ～?」*
>
> ** 〈be/do/조동사+not〉의 축약형 not의 〈o〉 대신에 〈 ' 〉를 찍는다.*
> *don't (=do not)*
> *wasn't (=was not)*
> *mustn't (=must not)*
> *shouldn't (=should not)*
> *예외) can't (=cannot)*
> *　　 won't (=will not)*
>
> ** 그 밖의 부가의문문*
> *① Let's로 시작하는 문장은 'shall we?'로 쓴다.*
> *② 명령문의 부가의문문은 'will you?'로 쓴다.*

Check-up

A 다음을 부정의문문으로 바꿀 때 괄호 안에 알맞은 말을 고르시오.

1. This is your book.　　　　→ (Isn't, Doesn't) this your book?

2. You can speak English.　　→ (Don't, Can't) you speak English?

3. It's a cold day.　　　　　　→ (Isn't, Doesn't) it a cold day?

4. You saw her last night.　　→ (Weren't, Didn't) you see her last night?

5. We were hungry.　　　　　→ (Weren't, Didn't) we hungry?

B 다음 〈보기〉와 같이 빈칸에 알맞은 말을 쓰시오.

> 보기　He got angry, <u>didn't he</u>?

1. It's cold outside, ＿＿＿＿＿＿＿＿?

2. He didn't have money, ＿＿＿＿＿＿＿＿?

3. Jina will come back this weekend, ＿＿＿＿＿＿＿＿?

4. This train goes to Chicago, ＿＿＿＿＿＿＿＿?

5. Let's go to the park, ＿＿＿＿＿＿＿＿?

1 빈칸 (A), (B)에 들어갈 말이 바르게 짝지어진 것은?

> A : ___(A)___ sport will you play this weekend?
> B : Soccer.
> A : ___(B)___ will you play?
> B : For an hour.

　　　　(A)　　　　　　　(B)
① When ·········· How many
② What ·········· How often
③ What ·········· When
④ What ·········· How long
⑤ When ·········· What

2 빈칸 (A), (B), (C)에 들어갈 말이 바르게 짝지어진 것은?

> You like baseball, ___(A)___ ?
> ___(B)___ you visit his office yesterday?
> He can't go there, ___(C)___ ?

　　　(A)　　　　　　(B)　　　　　(C)
① don't you ········ Didn't ········ can he
② do you ········ Do ········ can't he
③ did you ········ Weren't ········ does he
④ don't you ········ Weren't ········ doesn't he
⑤ didn't you ········ Didn't ········ did he

3 다음 중 밑줄 친 부분의 쓰임이 바른 것은?

① It is cold, <u>is it</u>?
② Jim is working, <u>is he</u>?
③ You are Jane, <u>are you</u>?
④ You didn't like salad, <u>did you</u>?
⑤ He loves you, <u>don't he</u>?

4 다음 부가의문문의 빈칸에 알맞은 말을 쓰시오.

> A : That is a good idea, _____?
> B : Yes, it is.

[5~7] 우리말과 뜻이 같도록 괄호 안의 단어를 이용하여 문장을 완성하시오.

5 당신은 병원에서 일하시죠, 그렇지 않나요? (work, hospital)

_____

6 너는 새 CD가 필요하지 않니? (need, new)

_____

7 이 목걸이는 금이 아니죠, 그렇죠? (necklace, gold)

_____

8 다음 질문에 알맞은 대답을 〈보기〉에서 고르시오.

> 보기
> ① She comes by bus.
> ② It's 2,000 won.
> ③ Because I got a bad score.
> ④ He's forty.

(1) How old is your father?
(2) Why are you so sad?
(3) How does she come here?
(4) How much is this pen?

9 다음 대화의 빈칸에 알맞은 말을 쓰시오.

> A : Don't you like curry and rice?
> B : _____. I like it very much.

10 다음 밑줄 친 부분 중 어법상 바르지 못한 것은?

① We can start at once, <u>can we</u>?
② You didn't hurry up, <u>did you</u>?
③ It was a bad day, <u>wasn't it</u>?
④ She looks very nice, <u>doesn't she</u>?
⑤ Let's go swimming, <u>shall we</u>?

1 긍정명령문

1) **의미** '~하라, ~하시오, ~해 주세요'의 의미로 명령, 권유, 부탁을 나타내는 문장

2) **형태** 주어를 생략하고 동사원형으로 시작

Open the door.   Calm down.

Be quiet.   Please be careful.

> * ① 긍정명령문의 주어는 you인데 생략된 것이다.
> (You) Open the window.
> ② 부탁이나 요청 등을 부드럽게 말할 때, 문장의 앞이나 뒤에 please를 붙인다.

2 부정명령문

1) **의미** '~하지 마라, ~하지 마시오'의 의미로 조언, 경고, 금지 등을 나타내는 문장

2) **형태** 「Do not(Don't)+동사원형~」

Don't be afraid.   Don't be shy.

Do not make a noise.   Don't move.

> * Do not(Don't) 대신에 Never를 사용하기도 한다.
> Don't give up.
> = Never give up.

3 권유의 명령문

1) **의미** '~하자/~하지 말자'의 의미로 제안을 나타내는 문장

2) **형태** 「Let's/Let's not+동사원형~」

Let's go for a walk.   Let's swim.

Let's not eat out.   Let's not play outside.

3) **대답**

– 긍정 : Yes, let's. / Okay. / Sounds good. / That's a good idea. / All right. 등

– 부정 : No, let's not. / I'm sorry, but I can't. 등

Check-up

A 다음을 명령문으로 바꿀 때 빈칸에 알맞은 말을 쓰시오.

1. You take a break.   → _____ a break.

2. You wear a seat belt.   → _____ a seat belt.

3. You don't run in the library. → _____ _____ in the library.

4. You are kind to your friends. → _____ _____ to your friends.

5. You are not late for the class. → _____ _____ _____ for the class.

B 다음 밑줄 친 부분을 바르게 고치시오.

1. Close you the window.

2. Please are brave.

3. Not let's go to the mall.

4. Let's orders pizza for dinner.

5. Doesn't play baseball in the garden.

6. Play don't with knives.

Unit 06 감탄문

1 의미

기쁨, 슬픔, 놀라움 등의 강한 감정을 표현하는 문장으로 '참 ~하구나'라는 의미로, 끝에 감탄 부호(!)를 붙임

2 종류

1) What 감탄문 「What+(a/an)+형용사+명사+(주어+동사)!」

What a nice school this is!
(This is a very nice school.)
What an exciting game it is!
(It is a very exciting game.)
What beautiful flowers they are!
(They are very beautiful flowers.)
What nice weather we have!
(We have really nice weather.)

2) How 감탄문 「How+형용사/부사+(주어+동사)!」

How interesting my first trip was!
(My first trip was very interesting.)
How fast time goes by!
(Time goes by so fast.)
How high the building is!
(The building is really high.)

* 감탄문과 의문문의 어순 차이
– 감탄문
How+형용사(부사)+주어+동사!
How long this bridge is!
– 의문문
How+형용사(부사)+동사+주어?
How old are you?

* What 감탄문은 강조 대상이 명사이고 How 감탄문은 강조 대상이 형용사·부사인 경우가 많다.

* What 뒤에 오는 명사가 복수명사이거나 셀 수 없는 명사인 경우에는 a/an을 붙이지 않는다.

* 현대 영어에서는 How로 시작하는 감탄문보다 What으로 시작하는 감탄문을 더 자주 사용하는 경향이 있다.

* 실생활에서는 감탄문을 쓸 때 '주어+동사'는 생략하기도 한다.
What a big fish (it is)!
How delicious (it is)!

Check-up

A 다음 빈칸에 How 또는 What을 쓰시오.

1. _____ a beautiful girl she is!
2. _____ foolish you are!
3. _____ a fun game!
4. _____ kind!
5. _____ delicious this cream spaghetti is!

B 다음을 감탄문으로 바꿀 때 빈칸에 알맞은 말을 쓰시오.

1. It is a great photo.   → _____ _____ _____ photo it is!
2. The car is very nice.   → _____ _____ the car is!
3. You are a very good son.   → _____ _____ _____ son you are!
4. She is a very diligent girl. → _____ _____ girl she is!
5. The cell phone is very expensive. → _____ _____ the cell phone is!
6. You have really big eyes.   → _____ _____ eyes you have!

1 다음 빈칸에 알맞지 <u>않은</u> 것은?

> Tom, don't _____ too much.

① eat   ② sleep

③ exercise   ④ watches TV

⑤ drink coke

[2~3] 다음을 〈보기〉와 같이 바꿔 쓰시오.

> ─┤보기├─
> It's a very nice camera.
> → What a nice camera it is!

2 **She is a very good student.**

→ _____ _____ _____ student she is!

3 **It's a very small world.**

→ _____ _____ _____ world it is!

4 다음 빈칸에 Be(be)를 쓸 수 <u>없는</u> 것은?

① _____ careful.

② Don't _____ shy.

③ Please _____ nice to them.

④ _____ quiet in the hall.

⑤ _____ run in the classroom.

[5~6] 다음 빈칸에 들어갈 말이 바르게 짝지어진 것을 고르시오.

5
> They are very nice pictures.
> → _____ nice pictures they are!
> She is very wise.
> → _____ wise she is!

① What ·········· What   ② How ·········· How

③ What ·········· How   ④ How ·········· What

⑤ What ·········· Why

6
> _____ me alone.
> _____ park your car here.

① Leave ·········· Don't

② Leave ·········· Doesn't

③ Leaves ·········· Don't

④ Leaves ·········· Doesn't

⑤ Leave ·········· Be

[7~9] 다음 문장을 부정명령문으로 바꾸시오.

7 **Let's go outside.**

→ _____

8 **Be afraid of a spider.**

→ _____

9 **Send the card today.**

→ _____

10 다음 밑줄 친 부분을 바르게 고치시오.

(1) Please <u>is</u> brave.

(2) <u>Doesn't</u> cross the street at the red light.

(3) Let's <u>rents</u> a DVD.

(4) <u>How</u> a big cat it is!

(5) <u>Be</u> not worry.

1 다음 빈칸에 들어갈 말이 바르게 짝지어진 것은?

> Tom and George ___(A)___ my old friends.
> She ___(B)___ a musician.
> You ___(C)___ a high school student last year.

	(A)	(B)	(C)
①	is	is	was
②	is	are	were
③	are	is	was
④	are	are	were
⑤	are	is	were

2 다음 중 어법상 바르지 못한 문장은?

① Does your father a doctor?
② Was Tony sick yesterday?
③ Did you buy a new hat?
④ We were not there then.
⑤ They didn't come home late.

3 다음 중 대화가 어색한 것은?

① A : Do you collect stamps?
  B : Yes, I do.
② A : Does Jane like animals?
  B : No, she doesn't.
③ A : Does your parents live in Seoul?
  B : Yes, they does.
④ A : Does In-ho play basketball?
  B : Yes, he does.
⑤ A : Do they go to the party?
  B : No, they don't.

4 다음 밑줄 친 부분에 들어갈 단어가 다른 하나는?

① You _____ brave.
② Janet and I _____ in the room.
③ They _____ apples.
④ She and her brother _____ great pianists.
⑤ I _____ a college student.

5 다음 밑줄 친 부분 중 어법상 바르지 못한 것은?

① You are a good teacher, aren't you?
② Dave lives in Daegu, doesn't he?
③ You can't drive very well, can you?
④ You don't like fruit, do you?
⑤ Susan walks to church, doesn't Susan?

[6~8] 다음 대화의 빈칸에 가장 알맞은 것을 고르시오.

6

> Tom : Are you from Australia?
> Tyra : _____ I'm from America.

① Yes, I am.   ② No, I'm not.
③ Yes, he is.   ④ No, he isn't.
⑤ Yes, we are.

7

> Mike : Cathy, don't you like this book?
> Cathy : _____ Where did you get it, Mike?
> Mike : My brother gave it to me.
> Cathy : I'm going to buy the book, too.

① No, I am not.
② I have no idea.
③ Yes, I do.
④ I have the book, too.
⑤ May I borrow it?

8

A : Can I help you?
B : Yes, I want some pencils. _____ is
this pencil?
A : It's two hundred won.

① How old
② How long
③ How much
④ How many
⑤ How often

9 다음 대화의 빈칸에 공통으로 들어갈 말은?

A : _____ do you feel today?
B : I feel good.
A : _____ do you go to work?
B : I go to work by bus.

① What
② Who
③ Where
④ How
⑤ When

[10~12] 다음 빈칸에 가장 알맞은 말을 고르시오.

10 Don't _____ afraid.

① is
② are
③ were
④ was
⑤ be

11 _____ nice car he has!

① How
② What
③ How a
④ What a
⑤ How an

12 Romeo and Juliet loved each other,
_____?

① weren't they
② didn't they
③ did them
④ did they
⑤ were them

13 다음 중 어법상 바르지 못한 문장은?

① There are a box in the room.
② Tom has a beautiful garden.
③ You weren't in class yesterday.
④ There are many people in the restaurant
now.
⑤ They bought a big TV for their parents
last night.

14 다음 질문에 대한 대답으로 알맞지 않은 것은?

How often do you play the piano?

① Very often.
② Sometimes.
③ Twice a week.
④ Two days.
⑤ Every day.

15 우리말과 같은 뜻이 되도록 주어진 단어를 바르게
배열하시오.

왜 너는 학교에 결석했니?
(you, from, absent, were, school)

→ Why _____?

16 다음 중 어법상 쓰임이 바른 문장은?

① How much you read in a year?
② How much books do you read?
③ How many books do you read in a year?
④ How many books you read in a year?
⑤ How many books you read in year?

17 다음 빈칸에 들어갈 말이 바르게 짝지어진 것은?

Yoon-ho _____ a walk in the field with his sister, Yu-na. Yu-na says, "Can you smell the new leaves?" "Yes, I can. Spring _____ finally here," says Yoon-ho.

① takes ········ is
② takes ········ are
③ take ········ is
④ take ········ are
⑤ took ········ was

18 다음 빈칸에 가장 알맞은 것은?

A : _____ is that man?
B : He is Mr. Brown.
A : What is his job?
B : He is a teacher.

① What   ② How
③ Who   ④ Why
⑤ When

19 다음 두 문장이 같은 뜻이 되도록 빈칸에 알맞은 말을 모두 고르면?

Be on time.
= _____ be late.

① Never
② Doesn't
③ Just
④ Not
⑤ Don't

20 다음 밑줄 친 부분 중 어법상 바르지 못한 것은?

① A : Which do you like better?
   B : I like cats better.
② A : When will you leave?
   B : On Christmas day.
③ A : Why is his teacher angry?
   B : Beause he was late.
④ A : How much are there?
   B : There are 5 cameras in it.
⑤ A : Who is the man over there?
   B : He is my father.

[1-2] 다음 밑줄 친 부분을 문맥에 맞게 바꾼 것으로 가장 적절한 것을 고르시오.

1

Yesterday, my friends and I went to the park. We were surprised to see a lot of garbage there. People <u>keep</u> the park clean. It was a shame.

① didn't keep
② don't keep
③ doesn't keep
④ did keep
⑤ keep not

2

I'm glad to hear from you again. On Saturdays we <u>have</u> any classes. So I usually help my mom at home. We planted flowers in our garden last Saturday.

① have
② doesn't have
③ don't have
④ were had
⑤ had

3 다음 밑줄 친 부분의 단어를 바르게 배열하시오.

A man goes to see his doctor and says, "Sir, what's wrong with me?"
The doctor says, "Where <u>it, hurt, does</u>?"
The man says, "Look, when I touch my leg, it hurts."

"Where _____?"

4 다음 빈칸 (A)와 (B)에 들어갈 말이 바르게 짝지어진 것을 고르시오.

My sister makes me crazy! She doesn't wear her clothes. She ___(A)___ mine! I tell her. " Don't put on my clothes. Wear yours." But she says, "I don't like my clothes. I like yours." ___(B)___ do my parents say? They say, "You should share." What should I do?

	(A)		(B)		(A)		(B)
①	wear	········	What	②	wear	········	Which
③	wears	········	What	④	wears	········	Which
⑤	wear	········	When				

1 다음 대화의 밑줄 친 부분에 들어갈 말로 가장 알맞은 것을 고르시오.

A : Did you finish reading that book?
B : Yes, _____.
A : What is it about?
B : It's about endangered animals.
A : How was it?
B : It's very interesting.

* endangered 멸종 위기에 처한

① I did
② I didn't
③ you did
④ you didn't
⑤ you were

2 다음 대화의 밑줄 친 부분에 공통으로 들어갈 말을 쓰시오.

A : _____ _____ go there every week?
B : No, I don't. I visit there every other week.
A : _____ _____ mind if I go with you?
B : Certainly not.

3 다음 밑줄 친 부분을 우리말 "최선을 다해라!"와 같은 뜻이 되도록 주어진 단어를 바르게 배열하시오.

A : I got up early to get ready for the game.
B : How do you feel?
A : I am very nervous.
B : your, best, Do!

4 다음 빈칸에 가장 알맞은 말을 고르시오.

A : _____ gold crown it is! Whose crown is this?
B : We don't know. It's from a tomb in Gyeongju. It's 1,500 years old.
A : Wow! It's a great work of art.

① What beautiful a
② What beautiful
③ How a beautiful
④ What a beautiful
⑤ How beautiful

Chapter 2

문장의 핵 – 동사
개념잡기

Grammar

Words Pre-Test

- [ ] exception _____
- [ ] lend _____
- [ ] tear _____
- [ ] set _____
- [ ] tide _____
- [ ] spend _____
- [ ] carry _____
- [ ] discover _____
- [ ] learn _____
- [ ] take a walk _____
- [ ] revolution _____

- [ ] heavy _____
- [ ] secret _____
- [ ] attend _____
- [ ] vacation _____
- [ ] wonderful _____
- [ ] lecture _____
- [ ] depression _____
- [ ] policy _____
- [ ] decide _____
- [ ] astronaut _____
- [ ] famous _____

Unit 07 문장의 구조 I

1 주어 + 완전자동사 (1형식)

완전자동사는 보어나 목적어가 오지 않으며, 때나 장소를 나타내는 수식어구가 올 수는 있다.

The sun shines.

The sun rises in the east.

There is no rule without exceptions.

2 주어 + 불완전자동사 + 주격보어 (2형식)

불완전자동사는 <u>스스로의 힘으로 주어에 대한 설명을 완결하지 못하고 주어를 보충 설명해주는 주격보어</u>가 필요하다.

불완전자동사의 종류

구분	어휘	보어의 형태
be동사	be, stay, keep, remain 등	형용사, 명사
become동사	get, grow, turn, make 등	형용사, 명사
지각동사	look, sound, smell, taste, feel 등	형용사, like+명사

He is a pilot.

The children didn't keep quiet.

Her face turned red.

It smells great. Can I try some?

She looks like an angel.

3 주어 + 완전타동사 + 목적어 (3형식)

완전타동사는 하나의 목적어를 가지는 동사이다. 목적어는 동사가 가지는 의미상 영향을 받는 대상을 말한다.

I enjoy playing chess.

The early bird catches the worm.

She dreamed a strange dream.

Coline joined the tennis club.

---

* 동사의 구분
– 동사는 목적어의 유무에 따라 자동사와 타동사로 나뉜다.
– 자동사는 다시 보어의 유무에 따라 완전자동사와 불완전자동사로 나뉜다.
– 타동사는 목적어의 개수에 따라 완전타동사, 수여동사, 불완전타동사로 나뉜다.

* 주어+완전자동사 문장에서의 수식어구 : 부사, 부사구문이 올 수 있으며 문장의 뜻을 보충해준다.
The sun shines.
The sun shines <u>brightly</u>.
　　　　　　　　부사

* 지각동사 보어로는 부사가 아닌 형용사를 쓴다.
It sounds <u>nice</u>. (o)
　　　　　형용사
It sounds <u>nicely</u>. (x)
　　　　　부사

* 자동사로 착각하기 쉬운 동사
– 어떤 타동사들은 '～을/를'로 해석되지 않는 경우 우리말 조사의 의미를 갖는 전치사를 붙이는 오류를 종종 범하게 되는데 이를 유의해야 한다.
– enter, reach, marry 등
He <u>reached</u> Seoul.(타동사)
He <u>reached</u> at Seoul. (x)
He <u>arrived</u> at Seoul.(자동사)

Check-up

A 다음 괄호 안의 단어를 바르게 고쳐 쓰시오.

1. She lived _____. (happy)

2. This rose smells _____. (well)

3. My friend looks _____. (sadly)

4. He visited _____ yesterday. (they)

5. There _____ apples on the table last night. (be)

B 다음 문장에서 어법상 <u>잘못된</u> 부분을 찾아 바르게 고치시오.

1. Your idea sounds greatly.

2. I feel really hungrily.

3. She works very diligent.

4. Mandy entered into the classroom.

Unit 08 문장의 구조 Ⅱ

1 주어 + 수여동사 + 간접목적어 + 직접목적어 (4형식)

수여동사는 간접목적어와 직접목적어를 동시에 가지는 동사이다.

수여동사의 종류 (결합하는 전치사에 따른 분류)

구분	결합하는 전치사	해당 동사 어휘
give형	to	give, send, bring, lend, pass, write 등
ask형	of	ask, inquire, require, demand 등
make형	for	make, buy, get 등

She gave me a pen. (4형식)

= She gave a pen to me. (3형식)

He asked his teacher a question. (4형식)

= He asked a question of his teacher. (3형식)

My father made me a kite. (4형식)

= My father made a kite for me. (3형식)

* 앞에 오는 목적어를 '~에게'라고 해석하고(간접목적어 : Indirect Object), 그 뒤에 오는 목적어를 '~을(를)'로 해석(직접목적어 : Direct Object)한다.

* 간접목적어를 문장 끝에 놓으면 「전치사+간접목적어」의 형태 즉 부사구가 되어 3형식 문장이 된다.

– 4형식 문장에서는 간접목적어와 직접목적어를 동시에 대명사로 쓰지 않는다.
He gave me it. (x)
⇒ He gave it to me. (o)

2 주어 + 불완전타동사 + 목적어 + 목적격보어 (5형식)

불완전타동사는 목적어의 상태나 동작을 설명해주는 목적격보어를 가지는 동사이다.

불완전타동사의 종류와 보어의 형태

동사 어휘	목적격보어의 형태
make, call, name 등	명사, 형용사
tell, order, ask, want, wish, expect 등	to부정사
사역동사 : have, let, make, help 등	원형부정사
지각동사 : see, watch, hear, listen to, feel 등	원형부정사, 현재/과거분사

She made her son a good doctor.

My mom kept the door open.

I saw her play the piano.

* 목적격보어로는 기본적으로 명사나 형용사가 올 수 있으며, 그 외에 부정사, 원형부정사, 분사 등이 올 수 있는데, 문법상 또는 의미상 어떤 보어 형태를 가지느냐가 중요하다.

Check-up

A 다음 문장을 바꾸어 쓸 때, 빈칸에 들어갈 알맞은 단어를 쓰시오.

1. Will you lend me some money? → Will you lend some money _____ me?
2. She asked him some questions. → She asked some questions _____ him.
3. He bought his father a new hat. → He bought a new hat _____ his father.
4. Can you pass me the salt? → Can you pass the salt _____ me?

B 다음 괄호 안에 들어갈 알맞은 것을 고르시오.

1. The stick helps him (walk, walking).
2. We heard him (sing, to sing) a song.
3. My grandchildren always make me (happy, happily).

[1~2] 다음 빈칸에 들어갈 알맞은 단어를 〈보기〉에서 고르시오.

보기

turn	taste	stand

1 This soup _____ delicious. What is in it?

2 The leaves of the trees _____ red in fall.

3 다음 중 〈보기〉의 문장과 의미가 같은 것은?

보기

My mother made me a yellow skirt.

① My mother made a yellow skirt me.
② My mother made a yellow skirt to me.
③ My mother me made a yellow skirt.
④ My mother made a yellow skirt from me.
⑤ My mother made a yellow skirt for me.

4 다음 문장에서 잘못된 부분을 찾아 바르게 고치시오.

My mother wants me being a writer.

_____ → _____

5 다음 빈칸에 가장 알맞은 말은?

She sent a lot of flowers _____ her mother.

① for   ② to
③ by   ④ from
⑤ of

[6~7] 다음 빈칸에 들어갈 알맞은 단어를 〈보기〉에서 골라 알맞은 형태로 바꾸어 쓰시오.

보기

touch	let	watch

6 My mother doesn't _____ me play the computer game.

7 A lot of people were _____ me playing cards.

8 다음 중 어법상 바르지 못한 문장은?

① My father bought a bike for me.
② The bird sings beautifully.
③ The girls look sadly.
④ The toast smells awful.
⑤ He invited her yesterday.

9 다음 빈칸에 가장 알맞은 것은?

I ordered him _____ up the letter.

① tear   ② tearing
③ to tearing   ④ to tear
⑤ tore

10 다음 빈칸에 가장 알맞은 말은?

Cindy _____ her brother clean her car.

① wanted   ② made
③ ordered   ④ asked
⑤ told

Unit 09 현재시제

1
현재의 사실이나 상태, 직업과 같이 항상 하는 일을 나타낸다.

He **has** a sister and a brother.
I **am** hungry and sleepy.
She **teaches** music at school.
I **like** fantasy books.

2
일상적인 습관이나 반복적인 동작을 나타낸다.

Our school **begins** at 8:30 in the morning.
I **get** up at six every morning.
Alice **goes** to church on Sundays.
He never **tells** a lie.

3
일반적인 사실이나 불변의 진리를 나타낸다.

The sun **rises** in the east.
The sun **sets** in the west.
We **have** four seasons in Korea.
Money **doesn't buy** happiness.

4
왕래 · 발착을 나타내는 동사가 미래를 나타내는 부사(구)와 함께 쓰여 가까운 미래를 나타낼 때는 현재시제가 미래시제를 대신한다.

We **leave** here <u>tomorrow morning</u>.
She **starts** for Paris <u>next Sunday</u>.
Jerry **arrives** from Sydney <u>this Friday</u>.

* 시제
시간의 흐름을 현재, 과거, 미래와 같이 구분하는 것을 말한다.

－ 현재 : 지금 또는 항상 일어나는 일
－ 과거 : 이미 지나간 일을
－ 미래 : 앞으로 일어날 일

* 왕래 발착을 나타내는 동사
come, go, start, arrive, leave 등

Check-up

A 다음 괄호 안에 알맞은 것을 고르시오.

1. Pure water (freeze, freezes, froze) at zero degree.
2. The earth (is, are, was) round.
3. We (take, takes, took) English lessons every day.
4. The Han River (flow, flows, flowed) into the Yellow Sea.
5. He (arrive, arrives, arrived) next week.

B 다음 밑줄 친 동사의 쓰임을 〈보기〉에서 고르시오.

보기	① 불변의 진리 · 사실	② 현재의 습관적 행위	③ 현재 순간의 실제 동작 · 상태 · 사실	④ 미래 의미

1. I <u>think</u> he knows it.
2. I usually <u>get</u> up early.
3. Time and tide <u>wait</u> for no man.
4. She <u>passes</u> my house every morning.
5. The earth <u>goes</u> around the sun.
6. The ship <u>sails</u> next Monday.
7. Your train <u>leaves</u> in half an hour.

Unit 10 과거시제

1 과거 한 시점의 동작이나 상태를 나타낸다.

My father died last year.
I had a wonderful dream last night.
The baseball game ended at 5 o'clock.

2 과거의 경험이나 습관을 나타낸다.

Did you see a tiger?
I usually spent winter at my uncle's.
He always carried an umbrella.

3 과거시제는 흔히 과거를 나타내는 부사(구)와 함께 쓰인다.

* 분명한 과거를 나타내는 부사(구) : ago, then, last, past, just now, at that time, those days, yesterday, in + 지나간 연도

He moved to Seoul a year ago.
We were elementary school students last year.
She came back just now.

4 역사적 사실은 항상 과거시제로 나타낸다.

The Korean War broke out in 1950.
Columbus discovered America in 1492.
Admiral Lee Soonshin lived from 1545 to 1598.

---

* 동사의 과거형 · 과거분사형 만들기
① 규칙동사 : 동사 뒤에 -(e)d를 붙인다.
work - worked - worked
love - loved - loved

② 불규칙 동사
1) A - A - A형
cut - cut - cut
put - put - put
2) A - B - A형
come - came - come
run - ran - run
become - became - become
3) A - B - B형
make - made - made
buy - bought - bought
catch - caught - caught
4) A - B - C형
go - went - gone
sing - sang - sung
begin - began - begun
eat - ate - eaten

Check-up

A 다음 밑줄 친 동사의 쓰임을 〈보기〉에서 고르시오.

| 보기 | ① 과거의 일회적 행위 | ② 과거의 상태 | ③ 과거의 관습 | ④ 역사적인 사실 |

1. He went out shopping when I called him.

2. When I was a little girl, there were no houses there.

3. The first real cinema film was made in France in 1895.

4. When I was young, men never did any housework at all. Men went out, and women stayed at home.

B 다음 괄호 안에 알맞은 것을 고르시오.

1. World War II (ended, ends) in 1945.

2. Where (are, were) you last night?

3. I (am, was) tired yesterday.

4. I learned that the Korean War (begins, began) in 1950.

5. They (have, had) a good time last Christmas.

[1~2] 다음 빈칸에 가장 알맞은 말을 고르시오.

1 I _____ home from school at 4 p.m. every day.

① come ② came
③ comes ④ comed
⑤ was come

2 I _____ twelve years old last year.

① are ② were
③ am ④ is
⑤ was

[3~4] 다음 문장의 빈칸에 알맞지 <u>않는</u> 것을 고르시오.

3

She visited America _____.

① yesterday
② last month
③ next Saturday
④ last year
⑤ a year ago

4

My friend _____ last Sunday.

① bought a new car
② cut the grass
③ read some books
④ travels to Hawaii
⑤ didn't go to church

5 다음 대화의 빈칸에 가장 알맞은 것은?

A : What did you do after dinner?
B : I _____ to a movie with my friend.

① go ② goes
③ went ④ going
⑤ am going

6 다음 빈칸에 들어갈 말이 바르게 짝지어진 것은?

She ___(A)___ a walk every morning.
(그녀는 아침마다 산책을 한다.)
She ___(B)___ a walk this morning.
(그녀는 오늘 아침에 산책을 했다.)

(A)   (B)
① takes ············ take
② takes ············ takes
③ takes ············ took
④ took ············ took
⑤ took ············ takes

[7~9] 다음 괄호 안의 단어를 알맞게 바꿔 쓰시오.

7 She _____ up at six every morning. (get)

8 Rick _____ at home now. (be)

9 The French Revolution _____ out in 1789. (break)

10 다음 밑줄 친 부분 중 어법상 바르지 <u>못한</u> 것은?

① She <u>went</u> to a party last night.
② I <u>bought</u> some flowers yesterday.
③ She <u>leaves</u> the house early last Friday.
④ He <u>talks</u> about his girlfriend every day.
⑤ He <u>teaches</u> his children French on weekends.

Unit 11 미래시제

1 미래에 일어날 일을 예측하거나 객관적 사실을 말할 때 사용한다.

I **will** be sixteen next year.
= I **am going to** be sixteen next year.
We **are going to** stay in London.
= We **will** stay in London.
I **shall** be home late tonight.

* 미래시제 : 미래를 나타낼 때에는 기본적으로 will과 shall을 사용하지만, will이 더 많이 쓰인다.

* 미래시제는 종종 미래를 나타내는 부사(구)와 함께 쓰여 미래 사실을 나타낸다.
– 미래를 나타내는 부사(구) : soon, tomorrow, tonight, next weekend 등

2 미래를 나타내는 표현

1) will+동사원형 ~할(일) 것이다. ~하겠다
① 약속이나 의지를 나타낼 때
I **will** not tell your secret.
She **will** give him this music CD.
② 순간의 결정을 나타낼 때
The bag looks heavy. I **will** carry it for you.
③ will의 부정문과 의문문
A : **Will** you go to the party tonight?
B : No, I **won't**. I will take care of my sister.

* will의 부정문
will 다음에 not을 붙인다.
(won't는 will not의 줄임말)
* will의 의문문
주어와 will의 위치를 바꾼다.

2) be going to+동사원형 ~할 예정이다
예정이나 미래의 계획을 나타낼 때 사용한다.
We **are going to** have a concert in May.
Is Lizzie **going to** marry Darcy? (의문문)
He **is not going to** meet her. (부정문)
A : What **are** you **going to** do this weekend?
B : I **am going to** visit my grandparents.

* be going to의 부정문
be동사 뒤에 not을 붙인다.

* be going to의 의문문
be 동사를 문장 앞에 놓는다.

3) be about to+동사원형 막 ~하려고 하다
We **are about to** leave.
He **is about to** eat an apple.

Check-up

A 다음 괄호 안에 알맞은 것을 고르시오.

1. He will (keep, keeps) his promise.
2. Do you think it (rain, will rain) tomorrow?
3. I (have, will have) a birthday party this Friday.
4. Sandra is (go, going) to have another baby.
5. Annie (be, will be) at my home next Monday.

B 다음 밑줄 친 부분에 유의하여 다음 문장을 해석하시오.

1. We're going to buy a new car soon.
2. Will you go shopping after school?
3. Tom is about to start here.
4. Mary won't forgive you.
5. All his family will attend the wedding.

Unit 12 진행시제

1 **진행시제 :** 특정 시점에서 진행 중인 동작을 표현한다.

「be동사+동사원형-ing」의 형태로 주어와 시제에 따라 be동사가 결정된다.

〈동사원형 – ing〉 만드는 법

대부분의 동사	동사원형 + -ing	playing, reading, working
-e로 끝나는 동사	e를 빼고 + -ing	loving, coming, writing
-ie로 끝나는 동사	ie를 y로 고치고 + -ing	die → dying, lie → lying
〈단모음+단자음〉으로 끝나고 단모음에 강세가 오는 동사	자음을 겹쳐 쓰고 + -ing	beginning, swimming
1음절 동사 중 〈단모음+단자음〉으로 끝나는 동사		stopping, running, cutting

1) 현재진행형 「be동사의 현재형(am, is, are)+동사원형-ing」

Look! It's snowing.

Robert and Mary are talking on the phone.

2) 과거진행형 「be동사의 과거형(was, were)+동사원형-ing」

My family was living in Rome in 2006.

They were skating on the ice.

2 **진행시제의 부정문과 의문문**

1) 부정문 「be동사+not+동사원형-ing」

She is not listening to the radio.

2) 의문문

① 의문사가 없는 의문문 「be동사+주어+동사원형-ing?」

Are they watching TV now? – Yes, they are. / No, they aren't.

② 의문사가 있는 의문문 「의문사+be동사+주어+동사원형-ing?」

What are you doing now? – I'm making a cake.

---

* 현재와 현재진행형의 차이
– 현재 : 반복적인 습관이나 일반적 사실
– 현재진행형 : 지금 진행 중인 동작
He plays tennis every day.
⇒ 현재
He is playing tennis now.
⇒ 현재진행형

* 진행형을 쓸 수 없는 동사
① 소유나 상태(감정)를 나타내는 동사 : have, belong, like, love, know, think, want 등
I know him very well. (○)
I'm knowing him very well. (×)
② 감각동사 : see, hear, smell, feel 등
I see a strange man. (○)
I'm seeing a strange man. (×)

* have가 '가지다, 소유하다'라는 뜻으로 쓰일 때는 진행형이 불가능하지만, '먹다, (시간을) 보내다'라는 뜻일 때는 가능하다.
I'm having two sisters. (×)
→ I have two sisters. (○)
I'm having dinner. (○)
She's having a good time. (○)

Check-up

A 다음 동사의 〈동사원형 – ing〉형을 쓰시오.

	동사원형	동사원형-ing		동사원형	동사원형-ing		동사원형	동사원형-ing
1	eat		2	begin		3	study	
4	die		5	dance		6	run	
7	come		8	stop		9	sit	

B 다음 괄호 안의 단어를 빈칸에 알맞은 형태로 고쳐 쓰시오.

1. They _____ cleaning the room now. (be)   2. He _____ eating pizza at that time. (be)

3. She _____ a beautiful house now. (have)   4. What were you _____ then? (do)

5. He _____ to music. He's reading a book. (not, listen)

Unit 11~12

[1~3] 다음 빈칸에 가장 알맞은 말을 고르시오.

1 We _____ some spaghetti tomorrow.

① make　　　　② made
③ making　　　④ will make
⑤ to make

2 She is _____ the summer vacation.

① plan　　　　② plans
③ planned　　④ planing
⑤ planning

3 They were _____ hamburgers in a fast food restaurant then.

① eat　　　　　② eats
③ eating　　　④ ate
⑤ will eat

[4~5] 다음 우리말을 영어로 옮길 때, 가장 알맞은 것을 고르시오.

4

> 그는 다음 달에 멋진 카메라를 살 것이다.

① He buys a nice camera next month.
② He bought a nice camera next month.
③ He will buy a nice camera next month.
④ He was buying a nice camera next month.
⑤ He is buy a nice camera next month.

5

> Jane은 잡지를 읽고 있는 중이니?

① Is Jane reading a magazine?
② Was Jane read a magazine?
③ Jane was reading a magazine?
④ Are Jane read a magazine?
⑤ Does Jane read a magazine?

6 다음 질문의 답으로 알맞은 것은?

> A : Are you making an apple pie?
> B : _____ I'm making some pizza.

① Yes, I do.
② Yes, I am.
③ No, I don't.
④ No, I'm not.
⑤ Yes, I am not.

7 다음 중 어법상 바르지 못한 문장은?

① Where are you going now?
② I am listening not to the lecture now.
③ Is he cooking in the kitchen?
④ She will go to school next year.
⑤ Tom is going to make some sandwiches.

8 다음 밑줄 친 부분의 쓰임이 바른 것은?

① I am having a pencil in my hand.
② What are you looking at?
③ He is liking her very much.
④ Are you wanting some milk?
⑤ This house is belonging to him.

[9~10] 다음 주어진 문장을 괄호 안의 지시대로 바꾸시오.

9 He is painting the house. (부정문)

→ _____

10 Jane will wait for me in the library. (의문문)

→ _____

[1~2] 다음 빈칸에 알맞지 <u>않은</u> 것을 고르시오.

1

The girl looks _____.

① happy
② sad
③ very good
④ gently
⑤ wonderful

2

Ann played the violin _____.

① last night
② yesterday
③ tomorrow
④ this morning
⑤ last weekend

[3~5] 다음 빈칸에 가장 알맞은 말을 고르시오.

3

He _____ back home three hours ago.

① comes
② came
③ is coming
④ will come
⑤ is going to come

4

I helped mom _____ the table.

① clean
② cleans
③ cleaning
④ cleaned
⑤ to cleaning

5

Mom _____ a cake at that time.

① bake
② bakes
③ will bake
④ was baking
⑤ were baking

[6~7] 다음 빈칸에 공통으로 들어갈 말을 고르시오.

6

I can hear somebody _____ silently.
The geese _____ to the south.

① moved   ② move
③ am moving   ④ is moved
⑤ is going to move

7

There _____ a lot of flowers in the park now.
A lot of flowers _____ in the park now.

① is   ② are
③ was   ④ were
⑤ am

8 다음 밑줄 친 부분의 쓰임이 바른 것은?

① I'll write a letter <u>to</u> him.
② He showed a picture <u>for</u> me.
③ He gave some flowers <u>of</u> her.
④ She asked a question <u>to</u> me.
⑤ My mom made doughnuts <u>of</u> me.

[9~10] 다음 중 어법상 바르지 <u>못한</u> 문장을 고르시오.

9
① Are there any apples in the box?
② My father remained poor all his life.
③ He lives in San Francisco.
④ She reached in Berlin this morning.
⑤ Denny gave a book to the girl.

10
① I get up at 6:30 every morning.
② The plane leaves for Tokyo at nine tonight.
③ She is going to have a baby next month.
④ Tarzan is about to leave his jungle.
⑤ The Great Depression happens in 1929.

11 다음 빈칸 (A)와 (B)에 들어갈 말이 바르게 짝지어진 것은?

> The officer ordered his soldiers ___(A)___ forward.
> My teacher asked us ___(B)___ him.

	(A)		(B)
①	go	·············	helping
②	go	·············	to help
③	going	·············	help
④	to go	·············	to help
⑤	to go	·············	helping

12 우리말과 같은 뜻이 되도록 주어진 단어를 바르게 배열하시오.

(1) 그 비행기가 착륙하는 것이 보였다.
   (saw / I / the plane / land).

(2) 우리는 집이 흔들리는 것을 느꼈다.
   (felt / We / the house / shake).

(3) 그는 한 주일을 허송했다.
   (let / He / a week / go by).

13 다음 밑줄 친 부분의 쓰임이 <u>다른</u> 것은?

① We <u>are going to</u> the art gallery.
② He <u>is going to</u> borrow some books.
③ Jason and I <u>are going to</u> leave tonight.
④ I'm <u>going to</u> visit my uncle.
⑤ They <u>are going to</u> travel to Mexico.

14 다음 주어진 문장을 다음과 같이 바꾸어 쓸 때 빈칸에 알맞은 것은?

> Tina gave her dog a bath yesterday.
> → Tina _____ her dog a bath tomorrow.

① will give
② gives
③ was giving
④ giving
⑤ will gaves

[15~16] 다음 우리말을 영어로 옮길 때, 가장 알맞은 것을 고르시오.

15 Jane은 그 시간에 피아노를 연주하고 있었다.

① Jane played the piano at that time.
② Jane is playing the piano at that time.
③ Jane was playing the piano at that time.
④ Jane were playing the piano at that time.
⑤ Jane is going to play the piano at that time.

16 정직이 최선의 방책이다.

① Honesty was the best policy.
② Honesty is the best policy.
③ Honesty will be the best policy.
④ Honesty is going to be the best policy.
⑤ Honesty is about to be the best policy.

[17~18] 다음 문장에서 잘못된 부분을 찾아 바르게 고친 것을 고르시오.

17 My brother sent me it.

① My brother sent it me.
② My brother did sent me it.
③ My brother did send me it.
④ My brother sent it to me.
⑤ My brother sent me.

18 Mary bought a nice car to her daughter.

① Mary bought a nice car her daughter.
② Mary bought a nice car for her daughter.
③ Mary did bought a nice car for her.
④ Mary bought to her daughter a nice car.
⑤ A nice car bought Mary to her daughter.

[19~20] 다음 밑줄 친 부분을 시제에 맞게 바르게 고친 것을 고르시오.

19 I don't want to get up this morning.
It rains and it was cold.

① not wanted, rained
② did want, rained
③ didn't wanted, was raining
④ didn't want, was raining
⑤ did want not, rain

20 I listen to the news on the radio when the phone ring last night.

① was listening, rang
② was listening, rainged
③ listening, ringed
④ listened, rung
⑤ listened, was rung

1 다음 빈칸 (A)와 (B)에 들어갈 말이 바르게 짝지어진 것을 고르시오.

> He was walking alone in the dark forest. It was ___(A)___ . The wind was ___(B)___ hard.
> He couldn't see anything. He was afraid because it was getting darker and darker.

	(A)		(B)			(A)		(B)
①	snowed	…………	blow		②	snowing	…………	blow
③	snow	…………	blowing		④	snowing	…………	blew
⑤	snowing	…………	blowing					

2 다음 글을 읽고, 빈칸에 가장 알맞은 것을 고르시오.

> It was a hot day and it made Alice sleepy and bored. So she decided to make a
> daisy-chain. She thought she should walk to the field. Suddenly, she saw a white
> rabbit with red eyes run close by her. She felt something strange when she saw the
> rabbit _____ to itself.

① talk   ② to talk
③ talked   ④ talks
⑤ being talked

3 다음 글을 읽고, 빈칸 (A)와 (B)에 들어갈 말이 바르게 짝지어진 것을 고르시오.

> I think everyone knows Neil Armstrong. He was the first man on the moon. He was
> an American astronaut. In 1969 he ___(A)___ to the moon in the Apollo 11 spaceship
> with Buzz Aldrin and Mike Collins. They left the earth. They saw the earth from
> their spaceship. It was really beautiful. On July 21, 1969, they landed on the moon.
> Neil Armstrong ___(B)___ on the moon first. He became a world-famous person.

	(A)		(B)			(A)		(B)
①	flies	…………	stands		②	flies	…………	stood
③	flew	…………	stands		④	flew	…………	stood
⑤	will flow	…………	stands					

1 다음 대화를 읽고, 글의 내용과 일치하는 것을 고르시오.

> Jenny : In-gyu, what are you doing?
> In-gyu : I am drawing pictures.
> Jenny : What are you drawing?
> In-gyu : I am drawing a dog.
> Jenny : It's very cute. Drawing animals is difficult, isn't it?
> In-gyu : No, it isn't. It's very easy. You can draw it, too.

① Jenny is drawing animals.　　　② In-gyu is watching a picture.
③ Jenny has a cute drawing.　　　④ In-gyu's hobby is drawing a dog.
⑤ It is easy for In-gyu to draw animals.

2 다음 대화중 어법상 어색한 것을 고르시오.

① A : Is it snowing there?
　 B : No, it's cloudy and cold.
② A : What are you going to do with Mi-na?
　 B : I am going to watch a movie with her.
③ A : What did Nick buy on the website?
　 B : He bought some DVDs.
④ A : Who made this soup? It tastes really nicely.
　 B : I did.
⑤ A : Where was he going?
　 B : He was going to the beach.

3 다음 대화의 빈칸에 알맞은 말이 바르게 짝지어진 것을 고르시오.

> A : What _____ you doing this time yesterday?　B : I was washing my car.
> A : Did you wash it alone?　　　　　　　　　　　　B : No, my brother helped me.
> A : _____ he at home now?　　　　　　　　　　B : No, he is out.

① are ············· Am　　　② was ············· Is
③ were ············· Is　　　④ were ············· Was
⑤ were ············· Am

필요에 따라 동사에
가발 씌우기

Grammar

Words Pre-Test

- ☐ abroad _____
- ☐ glad _____
- ☐ leave _____
- ☐ turn on _____
- ☐ license _____
- ☐ without _____
- ☐ foreign _____
- ☐ laugh _____
- ☐ drop by _____
- ☐ return _____
- ☐ fail _____

- ☐ turn off _____
- ☐ health _____
- ☐ festival _____
- ☐ climb _____
- ☐ succeed _____
- ☐ become _____
- ☐ general _____
- ☐ gather _____
- ☐ favorite _____
- ☐ mistake _____
- ☐ understand _____

1 명사 역할

to부정사(to+동사원형)가 문장에서 주어, 목적어, 보어의 역할을 하며 '~하는 것'의 의미로 쓰인다.

To learn English is easy. (주어 역할)

I want to go abroad. (목적어 역할)

My hobby is to take pictures. (보어 역할)

2 형용사 역할

명사나 대명사 뒤에서 앞의 명사나 대명사를 수식하며 '~할, ~하는'의 의미로 쓰인다.

I have a lot of homework to do.

Don't worry! You have a lot of time to do it.

She has many things to buy.

I have something to tell you.

3 부사 역할

동사, 형용사, 다른 부사 등을 수식하여 목적, 감정의 원인, 결과 등을 나타낸다.

He will go to the park to meet her. (목적)

I am so glad to come here again. (감정의 원인)

She grew up to be a great doctor. (결과)

---

* to부정사 : 문장내에서 명사, 형용사, 부사의 역할을 한다. 다양한 품사의 역할을 하기 때문에 품사가 정해져 있지 않다는 뜻으로 부정사(不定詞)라고 한다.

* -thing+to부정사
something, anything, nothing을 수식하는 형용사는 something cold와 같이 그 뒤에 위치하게 되는데 이를 다시 부정사가 수식하면 「~thing+형용사+to부정사」의 어순이 된다.
I want something cold to drink.

* to부정사의 부정형
to+동사원형 앞에 not을 붙인다.
It is important not to waste time.

Check-up

A 다음 밑줄 친 부분을 바르게 고치시오.

1. He likes to playing soccer.

2. To spoke English is not easy.

3. My plan is leaves at 2:00.

4. She went to the library borrow some books.

5. He was happy hear the news.

6. His grandmother lived being ninety.

B 다음 밑줄 친 to부정사의 역할 (명사적, 형용사적, 부사적)을 쓰시오.

1. To read books is good.

2. I turned on the TV to watch the baseball game.

3. Give me something to drink.

4. I am sorry to be late for the party.

5. Her dream is to visit Russia.

6. He was surprised to see her there.

Unit 14 to부정사의 명사적 용법

1 주어로 쓰인 경우

To make friends is exciting.
To get a driving license is not easy.
To smoke is not good for your health.

2 주격보어나 목적격보어로 쓰인 경우

① 주격보어
My dream is to be a dentist.
His plan is to travel all around the world.
② 목적격보어
He wanted me to pass the test.
My father told me not to stay up all night.

3 동사의 목적어로 쓰인 경우

동사 decide, expect, hope, need, plan, promise, try, want, wish 등의 목적어로 쓰인다.

They decided to hold the contest.
She promised to come and help me.
He needs to take some rest.
I want to be a movie star.

* 가주어 · 진주어 구문
주어로 쓰인 부정사 뒤에 따르는 말이 있을 경우 가주어 it을 사용하는 것이 일반적이다.
To persuade him is useless.
= It is useless to persuade him.

* to부정사가 주어로 쓰였을 경우 to부정사는 단수로 취급한다.
To take pictures is fun.

* 의문사+to부정사
– what+to부정사 :
　무엇을 ～할지
– where+to부정사 :
　어디에 ～할지
– how+to부정사 :
　어떻게 ～하는지(～하는 법)
– when+to부정사 :
　언제 ～할지
I don't know what to do.
Do you know where to take a taxi?

Check-up

A 다음 〈보기〉에서 알맞은 말을 골라 바르게 고치시오.

| 보기 | say | make | stay | live | play |

1. _____ money is difficult.
2. I learned how _____ ping-pong.
3. Do you want _____ in a hotel?
4. It is hard _____ good-bye.
5. _____ without air is impossible.

B 다음 괄호 안에 알맞은 말을 고르시오.

1. (It, That) is a lot of fun to play baseball.
2. I don't know (to drive, how to drive) well.
3. We hope (see, to see) you there tomorrow.
4. It is interesting (live, to live) in a foreign country.
5. To remember names (is, are) not easy.

1 **to부정사의 형용사적 용법** '~할, ~하는' 의미로 명사나 대명사 뒤에서 수식

I need a <u>book</u> to read.

She has no <u>hat</u> to put on.

Give me <u>something</u> to eat.

She became the first <u>woman</u> to climb Mt. Everest.

2 **to부정사의 부사적 용법**

1) 목적을 나타내는 to부정사 '~하기 위하여, ~하러'라는 목적의 의미

I went to the station to see him off.

She dropped by the grocery store to buy some fruits.

To pass the exam, you should study hard.

2) 원인, 이유를 나타내는 to부정사 '~해서, ~ 때문에'라는 원인이나 이유의 의미로 쓰이며 원인, 이유를 나타내는 부정사는 be sorry to ~, be glad to ~, be happy to ~, be pleased to ~, be surprised to ~의 형태로 사용된다.

I'm sorry to bother you.

I'm happy to see you.

He will be pleased to hear that.

3) 결과를 나타내는 to부정사 '~해서 …되다'라는 결과의 의미

He lived to be 70 years old.

She grew up to become a lawyer.

* 명사+to부정사+전치사
to부정사에 쓰인 동사가 자동사인지 타동사인지를 구별해서 동사가 자동사인 경우에는 전치사가 뒤따라야 한다.
He has no friend to speak <u>to</u>.
She has no chair to sit <u>on</u>.

* 그 외의 to부정사의 부사적 용법
– 조건을 나타내는 부정사(~하면)
<u>To meet</u> him in person, you will like him.
– 형용사와 부사를 수식하는 부정사
This food is safe <u>to eat</u>. (형용사 수식)
She was kind enough <u>to show</u> me the way. (부사 수식)

Check-up

A 다음 괄호 안에 알맞은 것을 고르시오.

1. We want something nice (eating, to eat).

2. He has some friends to (talk, talk with).

3. She's not the kind of person (do, to do) it.

4. I bought a magazine (get, to get) the bonus gift.

5. I was surprised (see, to see) such a big man.

B 다음을 완전한 문장이 되도록 연결하시오.

1. I was disappointed   ·   ① to say hello.

2. I went to the library   ·   ② to show you.

3. He has some pictures   ·   ③ to return some books.

4. There is no water   ·   ④ to fail the test.

5. Mike turned off the TV   ·   ⑤ to do his homework.

6. Carl called you   ·   ⑥ to drink in this room.

1 다음 빈칸에 가장 알맞은 것은?

> He reads books _____ new ideas for his classes.

① find
② finds
③ finding
④ found
⑤ to find

2 다음 밑줄 친 부분 중 어법상 바르지 못한 것은?

① To walk is good for health.
② We decided to go to the film festival.
③ I don't know where to put the bag.
④ I have something to ate in my bag.
⑤ The hill is hard to climb.

3 다음 빈칸에 공통으로 들어갈 알맞은 단어를 쓰시오.

> He wants _____ be an actor.
> We're going _____ see Mt. Geumgang.

4 다음 〈보기〉의 밑줄 친 부분과 쓰임이 같은 것은?

> ── 보기 ──
> He went to Paris to study French.

① My hope is to master English grammar.
② Do you have anything to buy?
③ I expect to succeed.
④ What is the best way to learn English?
⑤ She got up early to catch the first train.

5 다음 중 밑줄 친 to부정사의 쓰임이 다른 것은?

① My ambition was to become a CEO.
② That's not the way to speak to your uncle.
③ I gave him a book to read.
④ I want a chair to sit on.
⑤ She made a promise to help me.

6 다음 대화의 빈칸에 가장 알맞은 것은?

> A : I did my best, but I failed the exam.
> B : Oh, I'm sorry _____ that. Cheer up!

① hear
② heard
③ to hear
④ hearing
⑤ to heard

[7~9] 다음 우리말과 같은 뜻이 되도록 빈칸에 들어갈 알맞은 말을 쓰시오.

7
> 나에게 할 일이 너무 많아.

I have lots of things _____.

8
> 당신을 다시 뵙게 되어서 정말 반갑습니다.

I'm glad _____ you again.

9
> 우리는 Miami로 이사갈 계획을 세웠다.

We planned _____ to Miami.

10 다음 두 문장이 같은 뜻이 되도록 빈칸에 알맞은 말을 쓰시오.

> To learn English is really interesting.

_____ is really interesting to learn English.

1 현재분사

1) **형태** 「동사의 원형+ -ing」

2) **역할** 진행형이나 명사를 수식하는 형용사로 사용
He **is playing** baseball on the field. (현재진행형)
The **rising** sun is really beautiful. (명사 sun을 수식하는 형용사)

3) **의미** '~하는, ~하고 있는'의 의미로 수식받는 명사와 현재분사는 능동의 관계
Look at the **barking** dog.
(the barking dog → the dog is barking)
Do you see the **singing** girl on the stage?
(the singing girl → the girl is singing)

2 과거분사

1) **형태** 「동사의 원형+ -ed(규칙 동사), 불규칙 동사형」

2) **역할** 「have/has/had+과거분사」의 완료형이나 「be+과거분사」의 수동태, 또는 명사를 수식하는 형용사로 사용
I **have lived** here for a long time. (have lived는 현재완료)
The plays **were written** by Shakespeare. (were written은 수동태)

3) **의미** '~된, ~받는, ~당한'의 의미로 수식받는 명사와 과거분사는 수동의 관계
Look at that **broken** window.
(that broken window → that window was broken)
She found her **lost** dog in the park.
(her lost dog → her dog was lost)

---

* 능동태와 수동태
– 능동태 : 주어가 동사의 행위를 하는 형식의 문장 「주어가 ~하다」
He repaired the car.
– 수동태 : 주어가 동작의 대상이 되는 형식의 문장 「주어가 ~당하다, ~되어지다」
The car was repaired by him.
– 수동태의 형식 : 주어+be+과거분사+by+목적격
She made the cake.
⇒ The cake was made by her.

* 자동사의 과거분사가 명사를 수식할 때는 「~해 버린」이라는 완료의 의미가 된다.
fallen leaves (낙엽)
the risen sun (떠오른 태양)

Check-up

A 다음 밑줄 친 부분을 우리말로 옮기시오.

1. I love the sound of the falling rain.

2. There is a broken-down car in the park.

3. The sleeping baby is my cousin.

4. The general stands on the fallen leaves.

5. She is taking care of the injured man.

B 다음 괄호 안의 동사를 알맞은 형태로 바꾸시오.

1. The _____ baby is so cute. (laugh)

2. I bought a _____ TV yesterday. (use)

3. Do you know the girl _____ the computer game? (play)

4. The watch _____ in Switzerland is very expensive. (make)

5. The woman _____ at the family restaurant is my friend. (work)

Unit 17 분사의 용법

1 분사의 역할

명사의 앞, 뒤에서 그 명사를 직접 수식하거나 보어의 역할을 하는 형용사적 역할

1) 분사가 단독으로 명사를 수식하면 명사 앞에 위치

Look at the dancing girl!

2) 분사 뒤에 뒤 따르는 어구가 있으면 수식하는 명사 뒤에 위치

The boy sitting in the middle is John.

2 현재분사의 용법

1) 한정적 용법

A rolling stone gathers no moss.

Harry potter is an interesting book for children.

2) 서술적 용법

The game was boring. (주격보어)

I saw him riding a bicycle. (목적격보어)

3 과거분사의 용법

1) 한정적 용법

The injured boy was my brother.

Ryan likes fried potatoes and onions.

2) 서술적 용법

The boy looks scared. (주격보어)

I heard my name called. (목적격보어)

---

* have/get+목적어+과거분사
  목적격보어 역할
– 주어의 의지가 있는 경우 :
'～시키다' 사역의 뜻
– 주어의 의지와 관계 없는 경우 :
'～당하다' 수동의 뜻
I had my picture taken.
(나는 내 사진이 찍혀지게 했다.
⇒ 나는 사진을 찍었다.)
I got my shoes cleaned.
(나는 신발을 닦도록 시켰다.)

* 감정을 나타내는 분사
– 주어가 감정을 느낄 때 (과거분사)
interested, excitied, bored,
surprised 등
I was bored.
– 주어가 감정을 유발할 때 (현재분사)
interesting, exciting, boring,
surprising 등
The movie was boring.

Check-up

A 다음 괄호 안에 알맞은 말을 고르시오.

1. The (yawning, yawn) man is my brother.

2. I found the (stealing, stolen) wallet at last.

3. I saw a (frightening, frightened) movie last week.

4. She kept us (waiting, waited) for some time.

5. He couldn't sleep because of the (barking, barked) dog.

B 다음 밑줄 친 부분을 유의하여 우리말로 옮기시오.

1. I saw Jane crying in her room.

2. We are disappointed at the news.

3. She showed me surprising results.

4. I want to live in the developed country.

5. I heard him called Andrew.

Unit 16~17

[1~3] 다음 빈칸에 가장 알맞은 것을 고르시오.

1 Look at the _____ girl.

① smile
② smiling
③ to smile
④ to smiling
⑤ to smiled

2 Who are the children _____ soccer in the park?

① play
② playing
③ played
④ to playing
⑤ to be played

3 I had my car _____ yesterday.

① check
② to check
③ checking
④ checked
⑤ to checking

[4~5] 우리말과 같은 뜻이 되도록 빈칸에 가장 알맞은 단어를 고르시오.

4
그는 음악에 관심이 있다.
He is _____ in music.

① interested
② interest
③ interesting
④ to interested
⑤ to interested

5
나는 쥐를 잡고 있는 고양이를 보았다.
I saw a cat _____ a mouse.

① catches
② caught
③ to catching
④ catching
⑤ to catch

6 다음 두 문장이 같은 뜻이 되도록 빈칸에 알맞은 단어를 쓰시오.

I love the girl. She is singing on the stage.
= I love the girl _____ on the stage.

7 다음 중 어법상 바르지 못한 문장은?

① He sat written a letter.
② I got my hair cut yesterday.
③ Look at the fallen leaves.
④ Do you know that sleeping boy?
⑤ What is the language spoken in Australia?

8 다음 두 문장을 한 문장으로 바꾼 것으로 적절한 것은?

The people are standing in line.
They are waiting for the concert.

① The people stood in line are waiting for the concert.
② The people waiting for the concert are standing in line.
③ They are people waiting for the concert is in line.
④ They are waiting for the concert are in line.
⑤ The people waited for the concert is in line.

[9~10] 다음 밑줄 친 부분 중 어법상 바르지 못한 것을 고르시오.

9
① Look at that running dog!
② The girl sitting on the sofa is my sister.
③ I have a pen made in France.
④ The fence painting in blue is beautiful.
⑤ Chess is an exciting game.

10
① His father is making a chocolate cake.
② I fixed the broken lamp.
③ He saw me crossing the street.
④ I don't like boring classes.
⑤ The barked dog is mine.

Unit 18 동명사의 역할과 성질

1 동명사의 형태 「동사원형+-ing」~하는 것

Eating fast food is not good for your health.

Nick likes watching comedy movies.

2 동명사의 명사적 역할 문장 내에서 주어, 목적어, 보어로 쓰인다.

Seeing is believing.
　주어　　　보어

My dream is buying a house.
　　　　　　보어

We enjoyed swimming in the sea.
　　　　　enjoyed의 목적어

I am looking forward to seeing you.
　　　　　　　　전치사 to의 목적어

3 동명사의 동사적 성질

동명사는 동사로서의 성질도 갖고 있어 그 자체의 보어, 목적어, 수식어를 취할 수 있으며,
「being+과거분사」의 수동형 동명사로 쓰일 수도 있다.

She is proud of being a doctor.
　　　　　　　동명사 being의 보어

Forgive me for cheating you.
　　　　　　동명사 cheating의 목적어

My hobby is reading novels.
　　　　　동명사 reading의 목적어

* 주어와 보어로 쓰인 동명사는 명사적 용법의 부정사로 대신할 수 있다.
Seeing is believing.
= To see is to believe.
My dream is going abroad.
= My dream is to go abroad.

* 「현재진행형(be+~ing)」과 「be+동명사」의 구분은 문맥상으로 판단해야 한다.
I am collecting stamps.
(나는 우표를 수집하고 있다.) –현재진행형
My hobby is collecting stamps.
(내 취미는 우표를 수집하는 것이다.)
– 동명사

* enjoy, finish, keep, mind 등은 동명사를 목적어로 취한다.

Check-up

A 다음 괄호 안에 알맞은 말을 고르시오.

1. (Tell, Telling) a lie is wrong.

2. My uncle finished (wrote, writing) his letter.

3. He is good at (speak, speaking) English.

4. My dream is (travel, traveling) around the world.

5. (See, Seeing) you makes me smile.

6. Thank you for (inviting, to invite) me.

B 다음 문장을 밑줄 친 부분에 유의하여 우리말로 옮기시오.

1. Dancing is my favorite activity.

2. His hobby is reading comic books.

3. I'm afraid of making mistakes.

4. My grandma enjoys spending her time at home.

5. Going to bed early is a good habit.

Unit 19 동명사와 현재분사

동명사와 현재분사는 「동사원형+-ing」로 서로 모양이 같지만 그 의미와 쓰임은 다르다. '~하고 있는'으로 해석되는 현재분사가 명사를 수식하면서 동작의 진행이나 상태를 나타내는 반면, '~하기, ~하는 것'으로 해석되는 동명사는 명사의 용도와 목적을 나타낸다.

1 **동명사** 명사적 역할을 하므로 주어, 보어, 목적어로 쓰인다.

Getting a driver's license is not easy. (주어)

My favorite hobby is cooking. (보어)

I enjoyed playing soccer. (목적어)

Jane is afraid of swimming in the river. (전치사의 목적어)

2 **현재분사** 형용사적 역할을 하므로 보어로 쓰이거나 또는 명사를 수식한다.

The game was exciting. (보어)

Look at that jumping dog. (jumping은 명사 dog을 수식)

The laughing girl is my sister. (laughing은 명사 girl을 수식)

3 **동명사와 현재분사의 구별**

「be+동사원형-ing」가 '~하는 것이다'의 의미이면, 「동사원형-ing」는 보어 역할을 하는 동명사이고, 「be+동사원형-ing」가 '~하고 있다'로 진행의 의미이면 현재분사이다.

My favorite activity is swimming. (동명사)

Tom is swimming in the pool. (현재분사)

His hobby is playing soccer. (동명사)

He is playing soccer. (현재분사)

> * 현재분사가 형용사적 성질을 가지는 반면, 동명사는 명사적 성질을 가진다.
>
> * 명사 앞에서 그 명사를 수식하는 동명사는 「~하기 위한」의 의미로 목적이나 용도를 나타낸다. 반면에 형용사적 용법의 현재분사는 「~하고 있는」, 「~하는」의 의미로 능동의 동작을 나타낸다.
> a sleeping bag
> (잠자기 위한 자루 ⇒ 침낭) – 동명사
> a sleeping baby (자고 있는 아기) – 현재분사

Check-up

A 다음 문장을 우리말로 옮기고 밑줄 친 부분이 동명사인지 현재분사인지 쓰시오.

1. Look at the swimming man. → _____, _____

2. Writing letters is his hobby. → _____, _____

3. The boy playing over there is my son. → _____, _____

4. His bad habit is sleeping in class. → _____, _____

5. I lost my sleeping bag on vacation. → _____, _____

B 다음 밑줄 친 부분을 바르게 고치시오.

1. He is cook in the kitchen now.

2. His job is sell cars.

3. I don't enjoy jog in the morning.

4. The boys play badminton are my friends.

5. Jenny is interested in collect music CDs.

[1~3] 다음 빈칸에 가장 알맞은 것을 고르시오.

1

_____ a break is important.

① Take   ② Took
③ Taken   ④ Taking
⑤ Have taken

2

She is good at _____ English.

① speak   ② spoke
③ speaking   ④ to speak
⑤ being spoken

3

He enjoys _____ the Internet when he has free time.

① surf   ② surfing
③ to surf   ④ is surfing
⑤ being surfed

4 다음 밑줄 친 부분의 쓰임이 나머지와 다른 하나는?

① Studying English is interesting.
② Seeing is believing.
③ Walking in the park is fun.
④ The laughing man is my boyfriend.
⑤ Getting up early is not easy.

5 다음 〈보기〉의 밑줄 친 부분과 쓰임이 같은 것은?

┌ 보기 ┐
Her job is taking care of patients.

① He is making an apple pie.
② Brian is painting his room.
③ He is having lunch at the cafeteria.
④ The man talking over there is Janet's brother.
⑤ His dream is being a movie director.

[6~7] 다음 밑줄 친 부분이 현재분사인지 동명사인지 구별하시오.

6

Her hobby is doing crossword puzzles.

7

Mike is washing his hands.

[8~9] 다음 우리말과 같은 뜻이 되도록 빈칸에 알맞은 것을 고르시오.

8

세계 일주를 하는 데는 돈이 많이 필요하다.
= _____ all over the world requires much money.

① Traveling
② Traveled
③ To traveling
④ Be travel
⑤ Travel

9

그는 지금 말을 타고 있다.
= He _____ a horse now.

① riding
② rode
③ is ride
④ to ride
⑤ is riding

10 다음 중 어법상 바르지 못한 것은?

① I am very fond of fishing.
② In-ho is playing baseball now.
③ Keep a diary is not easy.
④ I finally finished writing the report.
⑤ Making money is not everything in life.

[1~2] 다음 빈칸에 가장 알맞은 말을 고르시오.

1 Mrs. Green _____ at home.

① is like to stay   ② is likes to stay
③ likes to staying   ④ likes to stay
⑤ like staying

2 _____ is easier than doing.

① To talking   ② Talk
③ Talking   ④ Talks
⑤ Talked

[3~4] 다음 빈칸에 들어갈 단어가 바르게 짝지어진 것을 고르시오.

3
> They were satisfied with the _____
> game. They were _____ to watch it.

① excite – exciting
② to excite – to excite
③ to exciting – exciting
④ excited – excited
⑤ exciting – excited

4
> The boy wants _____ out and play.
> Do you finish _____ it?

① to go – reading
② go – read
③ going – reading
④ to went – to read
⑤ went – reading

5 다음 밑줄 친 부분 중 어법상 바르지 못한 것은?

① It was not easy to pass the test.
② The sleeping baby is my cousin.
③ He enjoys surfing the Internet.
④ Put the alphabets in order is difficult for her.
⑤ Please check the waiting room.

6 다음 밑줄 친 부분의 쓰임이 나머지와 다른 하나는?

① Ann bought a sleeping bag.
② He is playing soccer now.
③ My hobby is collecting stamps.
④ I like reading the novel.
⑤ Telling a lie is wrong.

7 다음 중 어법상 바르지 못한 문장은?

① They are studying English now.
② To know yourself is not simple.
③ To swim is easy for babies.
④ It is hard to understand his behavior.
⑤ Jog every day helps lose weight.

[8~9] 다음 우리말을 영어로 바르게 옮긴 것을 고르시오.

8
> 그녀는 일을 그만두기로 결정했다.

① She decided quitting her job.
② She decided to quitting her job.
③ She decided quit her job.
④ She decided to quit her job.
⑤ She decided quitted her job.

9
> 나의 새 컴퓨터를 어디에 두어야 할지 모르겠다.

① I am not sure where to put my new computer.
② I am not sure what to put my new computer.
③ I am not sure where put my new computer.
④ I am not sure what put my new computer.
⑤ I am not sure to put my new computer.

10 다음 빈칸에 공통으로 들어갈 말로 알맞은 것은?

> Mike is good at _____ soccer.
> How about _____ soccer?

① to playing　　② play
③ to play　　④ playing
⑤ played

[11~12] 우리말에 맞게 주어진 단어를 바르게 배열하시오.

11 그는 달리는 기차 안에서 기타를 쳤다.
(train, in, the, running)

→ He played the guitar _____.

12 이것은 도난 당한 오토바이이다.
(motorbike, the, stolen)

→ This is _____.

13 다음 대화 중 짝지어진 대화가 <u>어색한</u> 것은?

① A : What do you want to buy?
　B : I want to buy a skirt.
② A : I caught a cold.
　B : That's too bad.
③ A : I don't feel good.
　B : Help yourself.
④ A : What do you like to do?
　B : I like to make model airplanes.
⑤ A : I got a good score on the math test.
　B : Happy to hear it.

[14~15] 다음 괄호 안에 알맞은 말을 고르시오.

14 Tom is looking for a boarding house (to live, to live in).

15 What is your reason for (to be, being) late?

[16~17] 다음 빈칸에 가장 알맞은 단어를 고르시오.

16

> The news was very _____ .

① surprising　　② surprised
③ surprise　　④ to surprise
⑤ to surprised

17

> I'm pleased _____ you some presents.

① to send　　② send
③ sent　　④ sended
⑤ for send

18 다음 중 어법상 올바른 문장은?

① Eating too much makes you fat.
② He promised keeping my secret.
③ What about take a walk?
④ The woman read a newspaper is my sister.
⑤ They finished to write a report.

[19~20] 다음 짝지은 문장의 밑줄 친 부분을 해석하시오.

19 ⓐ I heard <u>her called Sumi</u>.
　　ⓑ I heard <u>her call Sumi</u>.

20 ⓐ He <u>was amazed</u> at her beauty.
　　ⓑ He <u>was amazing</u> the crowd during the performance.

*performance 공연

1 다음 글을 읽고, 빈칸에 알맞은 말을 고르시오.

> Two boys were walking down the street. "Look, the girl looks like your sister," said one boy. "No, she isn't my sister. She is swimming in the river now," said the other boy. "Are you sure? She is waving to us," said the first boy. "You fool, she is your sister," said the other boy.

The first boy _____.
① was swimming in the river
② didn't have a sister
③ didn't like his sister
④ didn't recognize his sister
⑤ was a runner

2 다음 빈칸 (A)와 (B)에 들어갈 말이 바르게 짝지어진 것을 고르시오.

> My wife and I do the housework together. We do a lot of work. We like ___(A)___ meals and washing the dishes. She hates ___(B)___ the windows, so I always wash the windows by myself.

(A)	(B)
① cooking	– washing
② cooked	– to wash
③ cooking	– wash
④ cook	– washing
⑤ to cook	– washed

3 다음 글의 빈칸에 가장 알맞은 것을 고르시오.

> We didn't have enough water because it didn't rain for three months. We began to worry. We tried _____ any water.

① not to waste
② not wasting
③ don't waste
④ to not waste
⑤ wasting not

1 다음 빈칸에 공통으로 들어갈 단어를 고르시오.

> Sally : Let's go to the _____ pool.
> John : I'm sorry I can't. I don't know how to swim.
> Sally : Don't worry, John. There are _____ lessons for beginners.
> John : OK. Let's go together.

① swim
② to swim
③ swimming
④ what to swim
⑤ how to swim

2 다음 주어진 우리말과 같은 뜻이 되도록 빈칸에 알맞은 단어를 쓰시오.

> A : What was he doing at that time?
> B : He _____ _____ for a bus at the bus stop.
>   (그는 버스 정거장에서 버스를 기다리고 있었어.)
> A : So, what happened?
> B : He met his girlfriend.

3 다음 대화 중 어법상 바르지 못한 것을 고르시오.

① A : I don't know how to get to the train station.
   B : It's very easy. Go straight two blocks and turn right.
② A : I want to go to your party.
   B : Sure, I'll invite you.
③ A : Who is the man wore a red cap?
   B : He is my brother.
④ A : Did you find your lost key?
   B : Yes, I did. I found it in my bag.
⑤ A : I heard somebody call me.
   B : I didn't call you.

Chapter 4

동사에 의미를 첨가해 주는 조동사 정복하기

Grammar

Words Pre-Test

- [ ] station   ————————
- [ ] borrow   ————————
- [ ] keep   ————————
- [ ] hold   ————————
- [ ] remember   ————————
- [ ] seek   ————————
- [ ] traffic   ————————
- [ ] bring   ————————
- [ ] practice   ————————
- [ ] vegetable   ————————
- [ ] promise   ————————

- [ ] popular   ————————
- [ ] ride   ————————
- [ ] reach   ————————
- [ ] agreement   ————————
- [ ] attention   ————————
- [ ] loudly   ————————
- [ ] truth   ————————
- [ ] supper   ————————
- [ ] advice   ————————
- [ ] address   ————————
- [ ] information   ————————

Unit 20 can

1 능력, 가능성의 **can** ~할 수 있다

1) 능력을 나타낼 때 사용하며 be able to로 바꾸어 쓸 수 있다.

We can speak English.
= We are able to speak English.
I could find the way to the train station.
= I was able to find the way to the train station.
The boy will be able to swim soon.

2) 부정문과 의문문

He can't walk properly.
Nancy couldn't pass the math test.
Can you see the eye chart now?
Could they win the football match?

2 허가나 요청을 나타내는 **can/could** ~해도 좋다, ~해도 된다

1) 허가

Can I use your phone?
Yes, you can. / No, you cannot.
Could I borrow your book?
You can keep it till Friday.

2) 요청

Can you help me?
Yes, I can. / No, I can't.
Could you hold it for a moment?

---

* 조동사의 특징
① 동사에 미래, 가능, 추측, 허락, 부탁 등의 의미를 더해준다.
② 조동사 다음에는 반드시 동사원형을 쓴다.
③ 주어의 인칭과 수에 관계없이 언제나 같은 형태이다.
④ 부정은 「조동사+not」으로 나타낸다.
⑤ 의문문은 「조동사+주어+동사원형~?」로 나타낸다.

* can의 미래형 : will be able to
We will be able to win the game.

* can의 과거형 : could

* 'cannot be'는 '~일리가 없다'는 뜻으로 부정의 추측을 나타내기도 한다.

* 허가나 요청을 나타내는 can 대신에 could를 사용하면 더 공손한 표현이 된다.

Check-up

A 우리말과 같은 뜻이 되도록 괄호 안에 알맞은 것을 고르시오.

1. 너는 지금 집에 가도 좋다. → You (can, are able to) go home now.

2. 나는 그의 생일 파티에 갈 수 없다. → I (cannot go, can don't go) to his birthday party.

3. 그녀는 일을 제시간에 끝낼 수 있었다. → She (can, could) finish the work in time.

4. 그는 중국어를 말할 수 있다. → He is (able, can) to speak Chinese.

5. 주문을 받아도 될까요? → (Could I, Am I able) take your order?

B 다음 문장에서 어법상 <u>잘못된</u> 부분을 찾아 바르게 고치시오.

1. The news cannot is true.

2. He could catch not the first train last night.

3. Eric was able not to solve the problem.

4. I cannot remember his name yesterday.

5. They will can buy a nice car next year.

Unit 21　will/may

1　will

1) 미래의 일에 대한 예측이나 계획 ~할 것이다, ~하려 한다
It will rain tomorrow.
Ann won't go to the evening class.

2) 요청 또는 제안
Will you give me a second?
Yes, I will. / No, I won't.
Will you please open the door?
Would you turn off the light?

3) would like~ / would like to~ ~을 원하다 / ~을 하고 싶다
Would you like some coffee?
Would you like to go out?

2　may

1) 허가를 나타내는 may ~해도 좋다
You may take one of these books.
May I borrow your pictures for a while?
May I leave now?
Yes, you may. / No, you may not.

2) 추측, 가능성을 나타내는 may ~일지도 모른다
My sister may be busy.
The news may not be true. It may be a rumor.
Jenny might be in the library.

---

* 미래의 일에 대한 예측이나 계획을 나타내는 will은 be going to로 나타낼 수 있다.

* would는 will의 과거형으로 요청을 나타내는 문장에서 사용하면 좀 더 공손한 표현이 된다.

* would like+명사/대명사
= want
would like to+동사원형
= want to+동사원형
She would like to buy a scarf.
= She wants to buy a scarf.

* 허가를 나타내는 may의 부정은 금지의 의미를 나타낸다.
You may not stay here.
cf. You must not go outside.

* 추측의 may 대신에 may의 과거 might을 사용하면 불확실한 추측을 나타낸다.

Check-up

A　다음 괄호 안에 알맞은 것을 고르시오.

1. I will (be, am) fifteen years old next week.
2. (Will, May) you give me a hand?
3. Will you show me around the city (yesterday, tomorrow)?
4. What (would, will) you like to have for dinner?
5. He has a math test tomorrow. He (may, would) be in the library.
6. It's getting dark. You (may, will) not go outside.

B　다음 문장을 괄호 안의 지시대로 바꿔 쓰시오.

1. I am a good soccer player. (미래시제로)　　→ _____
2. She will lend you her camera. (의문문으로)　　→ _____
3. They will go to seek new members. (부정문으로)　→ _____
4. You may take a break now. (부정문으로)　　→ _____

Unit 22   must/should

1 must

1) 의무 '~해야 한다, ~할 필요가 있다'의 의미로 나타내며 have to로 바꾸어 쓸 수 있다.

You **must** solve the problem at once.

= You **have to** solve the problem at once.

I **must** phone David now.

① **과거와 미래** have to를 이용해서 나타낸다.

We **had to** stay at home.

You **will have to** take care of your sister.

② **부정문과 의문문**

Children **must not** say such a thing. ~해서는 안 된다

You **don't have to** bring a bag. ~할 필요가 없다

Do I **have to** go there?

Will I **have to** stay at home this weekend?

2) 강한 추측 ~임에 틀림없다

She **must** be a doctor.

It **must** be more than a hundred years old.

> * have to의 부정 :
> don't have to는 '~할 필요가 없
> 다는 뜻으로 need not과 같은 뜻
> 이다.
> You don't have to buy it.
> = You need not buy it.

2 should   마땅히 ~해야 한다

should는 must와 마찬가지로 의무나 당연을 나타내며 must보다는 약한 뜻이다.

You **should** obey traffic rules.

You **should** listen to your parents.

They **should not** watch too much TV. (부정문)

Should I **take** this class? (의문문)

> * 그 밖의 의무를 나타내는 조동사
> - ought to :
> 의무를 나타내는 must와 같은 뜻
> 의 조동사
> You ought to follow the rule.
> You ought to stop smoking.

Check-up

A 다음 괄호 안에 알맞은 것을 고르시오.

1. I (must, must not) practice more to be a good pianist.

2. You (don't have, have not) to buy the stocking.

3. He stayed up all night. He (must, should) be tired.

4. You should (not break, break not) your promise.

5. (Shouldn't I, Don't I should) break the rule?

B 다음 빈칸에 알맞은 말을 〈보기〉에서 골라 쓰시오.

보기	must	should not	should	don't have to

1. John gets a lot of fan letters. He _____ be popular.

2. You _____ be quiet in the library.

3. I _____ go to the stores because of Internet shopping.

4. I want to lose weight. I _____ eat sweets.

1 다음 밑줄 친 부분과 바꾸어 쓸 수 있는 것은?

> Can I ask you a question?

① Must
② May
③ Will
④ Should
⑤ Would

[2~3] 다음 두 문장의 뜻이 같도록 빈칸에 알맞은 말을 쓰시오.

2 **My father could not sleep last night.**

= My father was not _____ _____ sleep last night.

3 **He must do the work.**

= He _____ _____ do the work.

4 다음 중 밑줄 친 부분의 쓰임이 <u>다른</u> 하나는?

① It <u>may</u> rain.
② It <u>may</u> be hers.
③ She <u>may</u> be his mother.
④ He <u>may</u> know the truth.
⑤ You <u>may</u> use my phone.

5 다음 빈칸에 알맞지 <u>않은</u> 것은?

> I'll buy some comic books _____.

① this weekend
② tomorrow
③ next Monday
④ last Sunday
⑤ after school

6 다음 밑줄 친 부분과 바꿔 쓸 수 있는 것은?

> Jenny <u>was not able to</u> find his office.

① shouldn't
② must not
③ may not
④ couldn't
⑤ didn't have to

7 다음 밑줄 친 부분을 괄호 안의 말과 바꾸어 쓸 수 <u>없는</u> 것은?

① I'm <u>going to</u> have my way. (will)
② The baby will <u>be able to</u> walk. (can)
③ I know <u>what I should do</u>. (what to do)
④ <u>May</u> I ask your age? (Can)
⑤ You <u>have to</u> speak English in America. (must)

8 다음 빈칸에 공통으로 들어갈 말로 가장 알맞은 것은?

> _____ you speak Spanish?
> _____ I talk to Mr. Smith?
> _____ you move this chair for me?

① Must
② Can
③ Should
④ Might
⑤ Would

9 다음 대화의 빈칸에 들어갈 대답으로 알맞은 것은?

> A : May I ride my bike outside?
> B : _____. But you have to finish your homework first.
> A : Okay, I will.

① Yes, you may
② Yes, you may not
③ No, you must
④ No, you must not
⑤ Yes, you have to

10 괄호 안의 우리말과 같은 뜻이 되도록 may, can [can't], must를 이용하여 빈칸을 알맞게 채우시오.

(1) He _____ be sick. (그는 아플지도 몰라.)
(2) He _____ be sick. (그는 아픔에 틀림이 없다.)
(3) He _____ be sick. (그는 아플 리가 없어.)

[1~3] 다음 빈칸에 알맞은 단어를 <보기>에서 골라 쓰시오.

보기

| can | must | able |

1 Will you be _____ to come to our wedding?

2 Anybody _____ make mistakes.

3 You _____ do as you are told.

4 다음 빈칸에 가장 알맞은 말은?

Phillip may _____ sick in bed.

① was   ② is
③ were   ④ are
⑤ be

[5~7] 다음 두 문장의 의미가 일치하도록 빈칸에 알맞은 단어를 쓰시오.

5 He was able to swim across the river.

= He _____ swim across the river.

6 They must reach an agreement.

= They _____ _____ reach an agreement.

7 I would like to buy a sport car.

= I _____ _____ buy a sport car.

8 다음 주어진 문장의 밑줄 친 부분과 쓰임이 같은 것은?

He <u>must</u> be very lonely now.

① She <u>must</u> be his aunt.
② <u>Must</u> I take him there?
③ You <u>must</u> not smoke here.
④ You <u>must</u> go to bed now.
⑤ We <u>must</u> be quiet in the library.

[9~10] 다음 빈칸에 가장 알맞은 말을 고르시오.

9 He _____ to another state next month.

① moved   ② to move
③ moving   ④ move
⑤ will move

10 Olga could _____.

① makes a cake
② ran fast
③ to climb up trees
④ win the science contest
⑤ found the way to the museum

11 다음 대화의 빈칸에 알맞은 것은?

A : Isn't it hot here?
B : Yes, it is.
A : _____
B : Sure.

① Do I have to open the window?
② Could you open the window?
③ May you open the window?
④ Can I opening the window?
⑤ Will you to open the window?

[12~14] 다음 우리말과 같은 뜻이 되도록 빈칸에 알맞은 조동사를 쓰시오.

12 Nicholas는 회의에 참석하지 않을 것이다.

= Nicholas _____ attend the meeting.

13 그녀는 어제 파리에 갔다. 여기에 있을 리가 없다.

= She went to Paris yesterday. She _____ be here.

14 너는 교복을 입어야만 한다.

= You _____ wear a school uniform.

15 다음 편지를 읽고 어법상 바르지 못한 것을 알맞게 고친 것은?

> Dear Tom,
> What ① will you do on Saturday? ② I'll go shopping with my sister. ③ Should you like ④ to join us? After shopping, we ⑤ will go to the movies. Call me!
> Sandy

① will → can
② I'll → I won't
③ Should → Would
④ to join → joining
⑤ will → must

16 우리말과 뜻이 같도록 빈칸에 알맞은 말을 쓰시오.

> Tony and his family went to the beach by bus. Tony _____ swim and play there.
> (Tony는 그곳에서 수영을 하고 놀 수 있었다.)

17 다음 문장을 부정문으로 바꾼 것 중 바르지 <u>않은</u> 것은?

① You must open the box.
→ You must not open the box.
② You may leave early.
→ You may not leave early.
③ I should take care of her.
→ I don't should take care of her.
④ He will come on time.
→ He won't come on time.
⑤ He can play soccer well.
→ He can't play soccer well.

18 다음 밑줄 친 부분의 뜻이 서로 <u>다른</u> 것은?

① You <u>have to</u> go now.
You <u>must</u> write it with a pen.
② She <u>need not</u> come here early.
You <u>don't have to</u> go there alone.
③ You <u>should</u> start at once.
She <u>might</u> know his address.
④ She <u>can</u> speak English.
She <u>is able to</u> keep a diary in Japanese.
⑤ I <u>will</u> clean my room.
I <u>am going to</u> study math after supper.

19 다음 문장을 괄호 안의 지시대로 고쳐 빈칸을 채우시오.

We can learn more about English. (미래시제)
→ W e _____ _____ _____ _____ learn more about English.

20 다음 빈칸에 공통으로 들어갈 조동사를 쓰시오.

> I _____ like to have chocolate ice cream.
> _____ you bring me a piece of paper?

1 다음 글을 쓴 목적과 빈칸에 알맞은 조동사가 바르게 짝지어진 것을 고르시오.

Dear Paul,
I'd like to make spaghetti for dinner tonight. So I _____ buy some vagetables. Can you go to the supermarket for me? We need a few potatoes and tomatoes. We also need a little sugar. Thanks.
Love, Mom

① 초대 – ought to   ② 초대 – will
③ 사과 – will   ④ 부탁 – could
⑤ 부탁 – have to

2 다음 글의 내용과 일치하도록 주어진 문장의 빈칸에 들어갈 알맞은 말을 고르시오.

Hearing and listening are different. You can just hear many sounds and words. But when you listen, you must pay attention to them and think about what you have just heard.

* pay attention to : ~에 주의를 기울이다

→ When you listen to the sounds and words, you _____.
① need not think about them   ② can speak loudly
③ can be quiet   ④ should just hear them
⑤ should pay attention to them

3 다음 글의 밑줄 친 (A)의 의미로 알맞은 것을 고르시오.

When a drunk was trying to fit his door key into a street lamp, the policeman approached. "I don't think there's anybody at home, sir," said the policeman.
"(A) <u>Must be</u>, officer, because the light's on upstairs," said the man.

① "있어야 하는데요"   ② "아마 있을 겁니다"
③ "틀림없이 있어요"   ④ "아마 아무도 없는 것 같죠"
⑤ "아무도 없는 것 같죠"

Grammar in Conversation

1 다음 질문에 대한 대답으로 옳지 <u>않은</u> 것을 고르시오.

> A : Can you send this email for me?
> B : _____

① Sure.　　　　　　　　　② Yes, I must.
③ Of course.　　　　　　　④ No problem.
⑤ Yes, I can.

2 다음 대화를 자연스럽게 배열하시오.

> ⓐ Will you help me move this table?
> ⓑ Thank you for helping me.
> ⓒ Sure, let's move it together.
> ⓓ You're welcome.

_____ → _____ → _____ → _____

3 다음 대화의 빈칸에 들어갈 단어로 알맞은 것을 고르시오.

> A : What's the matter, Jim?
> B : I'm worried about my weight.
> A : I think you _____ get some exercise.
> B : Thank you for your good advice.

① may　　　　　② will　　　　　③ can
④ should　　　　⑤ would

4 다음 중 <u>어색한</u> 한 쌍의 대화를 고르시오.

① A : May I go out?
　 B : Yes, you may.
② A : Can the rumor be true?
　 B : No, you must not.
③ A : Do I have to bring my passport?
　 B : No, you don't have to.
④ A : Can I have some drink?
　 B : Sure, help yourself.
⑤ A : Where should I hand it out?
　 B : Ask the information desk, please.

Chapter 5

관사와 명사 길들이기

Grammar

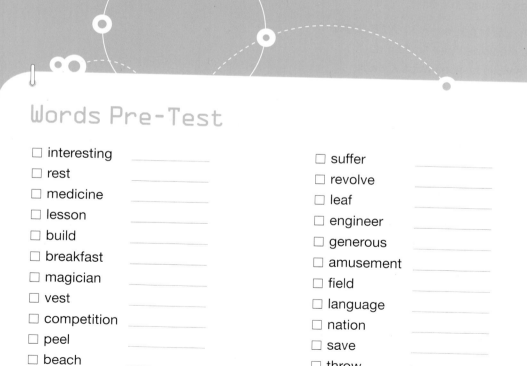

Words Pre-Test

- ☐ interesting _____
- ☐ rest _____
- ☐ medicine _____
- ☐ lesson _____
- ☐ build _____
- ☐ breakfast _____
- ☐ magician _____
- ☐ vest _____
- ☐ competition _____
- ☐ peel _____
- ☐ beach _____

- ☐ suffer _____
- ☐ revolve _____
- ☐ leaf _____
- ☐ engineer _____
- ☐ generous _____
- ☐ amusement _____
- ☐ field _____
- ☐ language _____
- ☐ nation _____
- ☐ save _____
- ☐ throw _____

1 용법

1) 단수 명사 앞에 사용하고, 뒤에 나오는 단어의 발음이 자음으로 시작하면 a, 모음으로 시작하면 an

a pen, a book, a story

an apple, an hour, an eagle

2) 명사 앞에 형용사가 있을 경우, 「a/an+형용사+명사」의 어순이 되고, a/an은 형용사의 첫소리에 따라 결정

It's an interesting game.

She is a good student.

He is an honest man.

2 의미

1) 막연히 '많은 것 가운데 하나'(one of many)를 가리킬 때

His father is a policeman.

Linda is an honest girl and never tells a lie.

2) 명확한 '하나의'(one)의 뜻으로 쓰일 때

You must rest for a day or two.

Rome was not built in a day.

3) '~ 마다, ~ 당'(= per, every)의 뜻으로 쓰일 때

Take this medicine three times a day.

She takes violin lessons twice a week.

4) '같은, 동일한'(the same)의 뜻으로 쓰일 때 → 「~ of a[an] + 명사」

They are all of a size.

Birds of a feather flock together.

* 관사란?
a/an, the를 말하며 항상 명사와 함께 쓰이며 마치 모자와 같다하여 관사라고 부른다. a/an은 부정관사, the는 정관사라고 한다. 부정관사는 정해지지 않은 것에 정관사는 특정한 것에 사용된다.

Check-up

A 다음 빈칸에 a, an 중 알맞은 말을 쓰시오.

1. Once upon a time, there lived _____ king.

2. A dolphin is _____ clever animal.

3. It is _____ interesting book.

4. She drinks three glasses of milk _____ day.

5. _____ hour has sixty minutes.

B 다음 밑줄 친 부정관사(a/an)에 유의하여 우리말로 옮기시오.

1. She works in an office.

2. She visits her parents once a week.

3. His dream is to be a great magician.

4. They are all my friends and of an age.

5. A bird in the hand is worth two in the bush.

Unit 24 정관사 the

1 용법

정관사는 지시형용사 that이 변해서 생겨난 말로, 부정관사(a/an)가 셀 수 있는 명사 앞에만 붙는 것과는 달리, 정관사는 셀 수 없는 명사와 복수형 앞에도 붙을 수 있다.

the flower, the flowers, the water

2 의미

1) 앞서 나온 명사를 되풀이할 때 '그 ~'의 뜻

She saw a white rabbit talking. The rabbit was wearing a red vest.
Sarah bought some rackets. The rackets were for final competitions.

2) 서로 잘 알고 있는 사람이나 사물을 가리킬 때

Look at the pictures.
Pass me the sugar.

3) 뒤에 수식하는 말이 딸린 명사의 앞

Carol peels the potatoes in the basket.
The girl wearing a red hat is my sister.

4) 해와 달, 지구, 동서남북, 방향, 계절 이름 등

the sun, the north, the spring, the world

3 관사의 생략

1) 운동, 식사, 질병 이름

Do not play soccer in the corridor. 운동 이름
What would you like to have for dinner? 식사 이름
My father suffers from diabetes. 질병 이름 * diabetes 당뇨병

2) 교통, 통신 수단

Do you go to school by bus?

---

* 관사의 쓰임

sun, moon, earth는 보통명사처럼 취급해 첫 글자를 소문자로 쓰고 정관사 the를 붙이지만, Mercury(수성), Venus(금성), Mars(화성) 등은 고유명사로 취급해 첫 자를 대문자로 쓰고 the, a, an을 붙이지 않는다.

The earth revolves on its axis. (지구는 자축을 중심으로 자전한다.)

Mars is the fourth planet in our solar system. (화성은 태양계에서 4번째 행성이다.)

천체	the moon, the earth, the universe
동서남북	the south, the east, the west
방향	the right, the left
계절	the summer, the fall
기타	the sky, the sea, the air, the wind, the rain

〈주의〉
* 악기의 이름 앞에는 the를 붙인다.
Can you play the guitar?

Check-up

A 다음 빈칸에 the(The)가 필요하면 ○표, 필요 없으면 ×표를 하시오.

1. _____ moon moves around the earth.
2. We want to play _____ baseball after school.
3. I have a bag. _____ bag is very heavy.
4. Tom had _____ dinner at home.
5. He went to the beach by _____ train.

B 다음 문장에서 잘못된 부분을 찾아 바르게 고치시오.

1. Ann plays cello well.
2. A girl wearing sunglasses is his girlfriend.
3. Earth moves around the sun.
4. I went to work by the taxi.
5. He studies for an hour before the breakfast.

1 명사

사람, 사물, 장소 등을 나타내는 말로, 셀 수 있는 명사(가산명사)와 셀 수 없는 명사(불가산명사)로 나뉜다.

1) 명사의 단수와 복수

I have a sister. (단수) → I have three sisters. (복수)

She is a student. (단수) → They are students. (복수)

2) 셀 수 있는 명사의 복수형

① 규칙 변화

대부분의 명사 + -s	books, maps, girls, cats, lions, pencils 등
-s, -ss, -ch, -sh, -x로 끝나는 명사 + -es	buses, classes, benches, dishes, boxes 등
「자음 + o」로 끝나는 명사 + -es	potatoes, tomatoes, heroes 등 〈예외〉 pianos, photos
「자음 + y」로 끝나는 명사 : -y → -ies	baby → babies, lady → ladies, city → cities 등
「모음 + y」로 끝나는 명사 : -y → -s	boys, toys, monkeys, keys 등
-f, -fe로 끝나는 명사 : -f, -fe → -ves	leaf → leaves, knife → knives, wolf → wolves 〈예외〉 roofs

② 불규칙 변화

단수	복수	단수	복수
man	men	foot	feet
woman	women	child	children
tooth	teeth	mouse	mice

③ 단수와 복수가 같은 명사 sheep, fish, Chinese, Japanese 등

④ 항상 복수형으로 쓰는 경우 – 짝을 이루거나 중요 부분이 2개인 것
shoes, glasses, scissors, pants, gloves 등

⑤ 복수처럼 보이는 단수 명사 news, physics 등

*** 가산명사**
– 하나, 둘로 셀 수 있다.
– 단수인 경우 a/an을 붙인다.
– 복수인 경우 -s를 붙이거나 불규칙하게 변하는 경우가 있다.
apple, pen, boy 등

*** 불가산명사**
– 개수를 셀 수 없다.
– 단수형으로 쓰고, 단수 취급한다.
– a/an을 붙이지 않는다.
① 추상명사 :
love, joy, luck, beauty 등
② 고유명사 :
Tom, Korea 등 (사람, 지역, 나라 이름 등)
③ 물질명사 :
water, coffee, cheese, money, milk 등

*** 셀 수 없는 명사의 수량 표현**
개수를 셀 수 없으므로 단위로 용기를 이용해서 수량 표현
two pieces of paper (종이 두 장)
three glasses of water (물 세 잔)
many bottles of beer (맥주 여러 병)
a piece of advice (충고 한 마디)

Check-up

A 다음 빈칸에 명사의 단수 또는 복수형을 쓰시오.

	단수	복수		단수	복수		단수	복수
1	orange		2		cities	3	dish	
4		feet	5	sheep		6	piano	
7	potato		8		toys	9		roofs

B 다음 밑줄 친 부분을 바르게 고치시오.

1. Mr. Kim has three <u>childs</u>.

2. She smiled with <u>joys</u>.

3. There are lots of <u>babys</u> in this room.

4. Give me two <u>glass of waters</u>.

5. Cows give milk. <u>Sheeps</u> give wool.

[1~3] 빈칸에 a, an, the 중 알맞은 말을 쓰시오. (불필요하면 ×표시를 할 것)

1 There is a notebook on the table.
_____ notebook is hers.

2 I brush my teeth twice _____ day.

3 My friend could play _____ violin so well.

[4~5] 다음 빈칸에 공통으로 들어갈 단어를 쓰시오.

4
She thinks that he is _____ honest boy.
I bought _____ MP3 player.

5
Did you see _____ cat on the sofa?
Look at _____ moon in the sky.

6 다음 명사의 복수형을 쓰시오.

	(A)	(B)
(1)	tooth	_____
(2)	leaf	_____
(3)	hero	_____
(4)	knife	_____
(5)	fish	_____

7 다음 밑줄 친 부분의 쓰임이 올바른 것은?

① She bought some piece of chalk.
② May I drink a cup of coffee?
③ I need a few piece of paper.
④ He ate two pieces of breads.
⑤ He drinks two glass of milk.

8 다음 중 주어를 복수형으로 바꾸고 그에 따라 문장을 바꾼 것 중 잘못된 것은?

① That lady has a beautiful picture.
→ Those ladies have beautiful pictures.
② My brother is a student of this school.
→ My brothers are students of this school.
③ A star is seen at night.
→ Stars are seen at night.
④ This toy is his.
→ These toys are his.
⑤ There is a sheep on the grass.
→ There are some sheeps on the grass.

9 다음 우리말을 영어로 바르게 옮긴 것은?

책상 위에 있는 그 CD 플레이어는 내 것이다.

① CD player on the desk is mine.
② An CD player on the desk is mine.
③ The CD player on the desk is mine.
④ A CD player on the desk is mine.
⑤ The CD player is mine on the desk.

10 다음 빈칸에 들어갈 말이 바르게 짝지어진 것은?

My father is ___(A)___ engineer.
My dog is ___(B)___ wonderful pet.
___(C)___ earth is round.

	(A)	(B)	(C)
①	a	an	The
②	a	the	An
③	an	a	The
④	an	the	A
⑤	the	a	A

1 다음 빈칸에 알맞지 <u>않은</u> 것은?

> This is a _____.

① dog   ② Tom   ③ nurse
④ doctor   ⑤ policeman

2 다음 중 빈칸에 부정관사(a/an)가 올 수 있는 것은?

① She is _____ American girl.
② I go to school by _____ bus.
③ My aunt is _____ very generous.
④ I can play _____ violin.
⑤ _____ books on the desk are interesting.

3 다음 빈칸에 들어갈 단어가 바르게 짝지어진 것은?

> There is _____ amusement park.
> The spring comes after _____ winter.

① a – the   ② an – the
③ the – an   ④ the – a
⑤ an – a

4 다음 문장에서 <u>잘못된</u> 부분을 찾아 바르게 고치시오.

> Three sheeps and four deers are in the cage.

_____ → _____

5 다음 빈칸에 가장 알맞은 것은?

> I would like to have _____.

① two cups of coffee
② two cup of coffee
③ two cup of coffees
④ two cups of coffees
⑤ two the cup of coffee

6 다음 문장의 빈칸에 a(n), the 중에 알맞은 것을 넣고, 불필요하면 ×표를 하시오.

(1) How many seasons are there in _____ year?

(2) _____ water of this well is good to drink.

(3) She went there by _____ subway.

(4) I have _____ iguana. _____ iguana is very cute.

7 다음 중 어법상 바르지 <u>못한</u> 문장은?

① The poet was very popular.
② I drink two glasses of juice every day.
③ There are 35 students in my class.
④ We went to the Paris during summer vacation.
⑤ How many brothers do you have?

8 다음 빈칸에 공통으로 들어갈 말은?

> I have _____ piano.
> There is _____ teacher in the classroom.
> This is _____ vase.

① the   ② a
③ an   ④ x
⑤ that

9 다음 밑줄 친 부분의 쓰임이 <u>잘못된</u> 것은?

① <u>The</u> boy walked in the rain.
② Her room is on <u>the</u> second floor.
③ On <u>the</u> way home, I met Bill.
④ We played <u>the</u> baseball together.
⑤ How kind <u>the</u> girl is!

10 다음 중 셀 수 <u>없는</u> 명사를 고르시오.

> love, glove, class, Korea, money, paper

[11~12] 다음 괄호 안에 알맞은 말을 고르시오.

11 There are three (box, boxes) in this room.

12 How about these (pant, pants)?

13 다음 중 밑줄 부분의 쓰임이 바른 것은?

① Be <u>an</u> honest man!
② I bought <u>an</u> three eggs.
③ Lucy is <u>the</u> pretty, isn't she?
④ Don't close <u>a</u> doors.
⑤ I drank <u>two cup</u> of milk this morning.

14 다음 밑줄 친 부분 중 그 쓰임이 <u>잘못된</u> 것을 고르시오.

> A : Do you have ① many ② children?
> B : Yes, I have. There ③ are three ④ son
>   and a ⑤ daughter.

15 다음 〈보기〉에서 알맞은 말을 골라 적절히 바꾸어 쓰시오. (단, 한 번씩만 쓰시오.)

> ┌ 보기 ┐
> piece   cup   bottle   pound

(1) Do you have a _____ of paper?
(2) She wants a _____ of wine.
(3) Please give me a _____ of tea.
(4) There is a _____ of salt.

16 다음 단수형과 복수형의 연결이 바르지 <u>않은</u> 것은?

① bus – buses
② potato – potatoes
③ knife – knives
④ piano – pianoes
⑤ gentleman – gentlemen

17 A와 B의 관계와 C와 D의 관계가 같도록 빈칸에 들어갈 알맞은 말을 쓰시오.

A	B	C	D
friend	friends	mouse	_____

[18~19] 다음 문장의 빈칸에 알맞지 <u>않은</u> 말을 고르시오.

18

> There are many _____ in the field.

① wolves   ② flower   ③ girls
④ leaves   ⑤ women

19

> _____ has a beautiful flower.

① My friend   ② Her sister
③ A little girl   ④ The teacher
⑤ My children

20 다음 빈칸 (A)와 (B)에 들어갈 말이 바르게 짝지어진 것은?

> A : I'm hungry. I need some ___(A)___ .
> B : Do you want some bread and ___(B)___ ?
> A : Yes, please.

	(A)	(B)		(A)	(B)
①	foods	milk	②	food	milk
③	foods	milks	④	a food	milk
⑤	food	milks			

1 다음 글을 읽고, 어법상 바르지 <u>못한</u> 문장을 고르시오.

① Korean is the language of the Korea, and Japanese is the language of the Japan. ② German is spoken in Germany, and French in France. ③ Generally speaking, each nation has its own language. ④ But this is not always so. ⑤ Some nations speak other nation's language.

2 다음 글의 빈칸 (A)와 (B)에 들어갈 말로 바르게 짝지어진 것을 고르시오.

Today there are many ___(A)___ around us. Cars use a lot of energy and give out smoke. If we ride more bicycles instead of cars, we can save energy and keep ___(B)___ air clean.

* smoke : 연기, 매연

	(A)		(B)			(A)		(B)
①	a car	········	the		②	car	········	a
③	cars	········	the		④	a car	········	an
⑤	cars	········	a					

3 다음 글을 읽고, 빈칸에 알맞은 것을 고르시오.

My little sister Annie is five years old. She likes to ask questions and draw pictures. She is already a good _____, and she always works hard. She draws a few pictures every day.

① writer   ② singer
③ artist   ④ teacher
⑤ pianist

4 다음 글을 읽고, 빈칸 (A), (B), (C)를 알맞은 형태로 바꾸시오.

This morning Nam-su had an English class. The teacher told the students to talk about themselves in front of the class: their (A) <u>friend</u>, their (B) <u>hobby</u>, and their (C) <u>wish</u>.

(A) : _____   (B) : _____   (C) : _____

1 다음 빈칸 (A)와 (B)에 들어갈 말이 바르게 짝지어진 것을 고르시오.

> A : I'm thirsty. I need some ___(A)___ .
> B : I don't have any water. How about some coke or ___(B)___ ?
> A : Give me coke, please.

	(A)	(B)		(A)	(B)
①	waters	milk	②	waters	a milk
③	water	milk	④	water	milks
⑤	a water	milks			

2 다음 대화의 빈칸에 가장 알맞은 단어를 고르시오.

> A : Who broke the window?
> B : Tom did. He threw a baseball at the window.
> A : I heard the sound while I was playing _____ guitar.

① for   ② to
③ an   ④ a
⑤ the

[3~4] 다음 글을 읽고, 물음에 답하시오.

> Yoon-ho : What ___(A)___ hot day it is!
> Se-na   : It's too hot today. When is your English test?
> Yoon-ho : Tomorrow morning.
> Se-na   : Let's go to (B) the library after school.
> Yoon-ho : Okay. It's cool there.
> Se-na   : What time shall we meet?
> Yoon-ho : Let's meet at four o'clock.
> Se-na   : All right. See you then.

3 위 대화의 빈칸 (A)에 들어갈 말을 쓰시오.

4 위 대화의 밑줄 친 (B) the와 같은 의미로 쓰인 것을 고르시오.

① Open the door, please.   ② Kate can play the flute.
③ The key on the table is Tom's.   ④ The moon moves around the earth.
⑤ There is a CD on the table. The CD is mine.

Chapter 6

명사를 대신하는
대명사 훑어보기

Grammar

Words Pre-Test

- [ ] wash _____
- [ ] invite _____
- [ ] parrot _____
- [ ] garage _____
- [ ] cheat _____
- [ ] through _____
- [ ] shelf _____
- [ ] innocent _____
- [ ] tight _____
- [ ] ripe _____
- [ ] lately _____

- [ ] fault _____
- [ ] talent _____
- [ ] suitcase _____
- [ ] public _____
- [ ] midnight _____
- [ ] necessary _____
- [ ] sweet _____
- [ ] thick _____
- [ ] enjoy _____
- [ ] join _____
- [ ] taste _____

Unit 26 인칭대명사와 소유대명사

1 인칭대명사의 격변화

		주격	소유격	목적격	소유대명사
단수		I	my	me	mine
		you	your	you	yours
		he	his	him	his
		she	her	her	hers
		it	its	it	–
복수		we	our	us	ours
		you	your	you	yours
		they	their	them	theirs

1) **주격** 문장에서 주어 역할 ~은(는), ~이(가)

I am washing the dishes.

We can help mom.

2) **소유격** 소유 관계를 표시 ~의

He is my best friend.

She invited Kevin to her birthday party.

3) **목적격** 문장에서 동사나 전치사의 목적어 역할 ~을(를), ~에게

Dad took me to the amusement park.

I played with him all day long.

2 소유대명사의 의미 '소유격+명사'를 대신하는 표현 ~의 것

The car is hers. (○) The car is hers car. (×)

This parrot is mine. = This is my parrot.

Those gloves are his. = Those are his gloves.

* 인칭대명사 : 사람이나 동물, 사물을 대신하여 쓰는 말로 인칭, 수, 격에 따라 다르다.

* 소유격 : 사람이나 동물의 소유격은 명사에 's를 붙여 나타낸다.
Those are Mike's books.

* whose : '누구의 것', '누구의'라는 뜻으로 누가 주인인지를 물어볼 때 사용하는 의문사이다.
Whose raincoat is this?
Whose is this?
– It's mine.

Check-up

A 다음 괄호 안에 알맞은 말을 고르시오.

1. I went to a garage sale with (I, my, me) parents.

2. Mom found a blouse. Dad bought it for (she, her, hers).

3. Dad bought some shoes. He really liked (they, their, them).

4. (He, His, Him) glasses are very old.

5. My pen is longer than (you, your, yours).

B 다음 밑줄 친 부분을 바르게 고치시오.

1. My know them very well. They know me, too. → _____

2. Uncle Jason bought it for I. → _____

3. I don't know that man. Do you know he? → _____

4. Red is she favorite color. → _____

Unit 27 대명사 it의 쓰임

1 앞에 나온 명사, 구, 절을 받는 it

She bought a book. It was about world history. it = book
Mark tried to move his desk, but it wasn't easy. it = to move his desk
He cheated on the test and the teacher knew it. it = he cheated on the test

2 가주어 it

It is very hard to study physics.
It is very important that you do the work.

3 비인칭 대명사 it

1) 시간, 요일, 날짜, 날씨 등을 나타내며 뜻은 없다.
① 시간 : What time is it now?
　　　 - It's seven thirty.
② 요일 : What day is it today?
　　　 - It's Friday.
③ 날짜 : What date is it today?
　　　 - It's August 23rd.
④ 날씨 : It is cloudy and windy now.
⑤ 계절 : It is winter now.
⑥ 거리 : How far is it from here to the city library?
　　　 - It is a ten-minute walk.
⑦ 명암 : It is dark here.

2) 막연한 상황을 나타낼 때
How is it going?
How is it with your study?

> * 주어가 명사, to부정사, 절 등으로 길고 복잡하면 긴 주어를 문장 끝으로 보내고 문장 앞에 it을 쓰는데 이를 가주어라고 한다.
> To pass the test was easy.
> ⇒ It was easy to pass the test.

Check-up

A 다음 밑줄 친 부분을 바르게 고치시오.

1. That is difficult to learn Chinese.　　　→ _____
2. This was very hot.　　　　　　　　　　→ _____
3. I bought a watch and gave that to my girlfriend.　→ _____
4. That is Sunday.　　　　　　　　　　　→ _____

B 다음 문장을 우리말로 옮기시오.

1. It is important to follow school rules.
2. How is it possible?
3. It was sunny this morning.
4. It is necessary that you answer all my questions.

[1~2] 다음 빈칸에 가장 알맞은 말을 고르시오.

1 Jane and I are hungry. _____ want to eat something.

① He   ② It
③ She   ④ We
⑤ They

2 Many people buy _____ books through the Internet.

① we   ② he's
③ their   ④ they
⑤ us

[3~4] 다음 빈칸에 공통으로 들어갈 단어를 고르시오.

3
> The baseball caps on the shelf are _____ _____.
> When does _____ school begin?

① your   ② his
③ our   ④ their
⑤ me

4
> How is _____ going on studying?
> I think _____ takes a long time to master English.

① we   ② he
③ that   ④ you
⑤ it

5 다음 중 It(it)의 쓰임이 나머지와 다른 하나는?

① There is a book on the desk. It is mine.
② I bought a computer. It was very good.
③ How far is it from here to the station?
④ He is innocent. I know it quite well.
⑤ He got a pretty doll and gave it to her.

6 다음 두 단어의 관계가 나머지와 다른 하나는?

① I — me
② you — your
③ it — it
④ he — him
⑤ they — them

[7~8] 다음 두 문장의 뜻이 같도록 빈칸에 알맞은 말을 쓰시오.

7 These are your notebooks, aren't they?
= These notebooks are _____, aren't they?

8 Today is March 1st.
= _____ is March 1st.

9 다음 밑줄 친 단어를 두 단어로 바꾸어 쓰시오.

> A : Is this your bicycle?
> B : No, it isn't. I think it's hers.

10 다음 밑줄 친 it이 가리키는 것을 쓰시오.

> Alice found a nice skirt at the department store. She'll buy it tomorrow.
> (it = _____)

Unit 28 지시대명사

1 지시대명사 this와 that : 사람이나 사물을 가리키는 대명사

1) 가까운 사람이나 사물을 가리키는 this와 these

This is my house.

Is this your shirt?

These are my sneakers.

2) 상대적으로 멀리 있는 사람이나 사물을 가리키는 that와 those

Isn't that your friend, Josh?

That is my new computer.

Are those your comic books?

> *these → this의 복수*
> *those → that의 복수*

cf. 지시형용사

this/these, that/those 지시형용사로 뒤에 있는 명사를 수식하기도 한다.

뒤에 오는 명사가 단수이면 this나 that, 복수이면 these나 those를 쓴다.

That building is very famous, isn't it?

These pants are too tight for me.

This book is about great artists.

2 누군가를 소개할 때나 전화상에서 건 사람과 받는 사람을 가리킬 때 this를 사용한다.

This is my friend, Carl. Carl, this is my sister, Julia.

Hello, this is Peter. Is this Mark?

Check-up

A 다음 괄호 안에 알맞은 말을 고르시오.

1. What kind of fruit is (this, these)?

2. Look at (that, those) birds. They're singing.

3. (This, These) doughnuts look delicious.

4. What (is, are) those people talking under the tree?

5. That (is, are) very expensive.

B 다음 〈보기〉를 참고하여 문장을 바꿔 쓰시오.

| 보기 | This book is big. → These books are big. |

1. This is my new friend. → _____

2. Is that banana ripe? → _____

3. Who is that woman? → _____

4. This is the new drawing. → _____

5. How much is this tie? → _____

Unit 29 부정대명사

1 one

1) 앞에 나온 명사의 반복을 피하기 위해 사용

I've lost my cap. I have to buy one. (단수 –one)

Give me two red roses and three white ones. (복수 –ones)

2) 일반인을 나타낼 때 사용

One should not break the law.

2 some, any
대명사로 쓰일 뿐만 아니라 약간(의), 몇몇(의)뜻으로 형용사로도 쓰인다.

some	긍정문	Some of students were late for the class. – 대명사 There are some interesting places. – 형용사
	의문문	Do you want some more? – 권유
any	부정문	I haven't seen any of them lately. – 대명사 A new singer doesn't have any fans. – 형용사
	의문문	Do you want to read any of these books? – 대명사

3 그 밖의 부정대명사

all	셋 이상의 '모든 것', '모든 사람'	All of my friends went to the party. All is my fault.
both	'둘 다'	Both of them are good at English. (복수 취급)
some~ others~	'몇몇은 ~, 다른 사람(것)들은 ~'	He bought some flowers. Some are red and others are yellow.
one~ the other~	'하나는 ~, 다른 한 명(것)은 ~'	One of her uncles is in LA and the other is in New York.
one~ the others~	'하나는 ~, 다른 사람(것) 모두는 ~'	I have 4 pets. One is a cat and the others are dogs.
another	'또 다른 하나'	This movie is boring. I want to see another.

---

* 부정대명사 : 정해지지 않은 불특정한 대상을 가리키는 대명사

* one과 it의 차이
앞에서 나온 특정한 명사는 대명사 it, 특정하지 않은 명사는 대명사 one을 사용한다.
A : Do you have a book on American history?
B : Yes, there is one in my room. I bought the book last Sunday.
A : Could you lend it to me?

* 의문문에서의 some
권유나 긍정의 대답을 기대할 때에는 의문문에서도 some을 사용한다.

긍정문에서의 any : '어떤 ~라도'
He can watch any program.

* all의 수는 of 이하의 수에 따라 결정되며 all이 전부, 만사등의 의미로 총괄적으로 사용될 때에는 단수로 취급한다.

Check-up

A 다음 괄호 안에 알맞은 것을 고르시오.

1. I lost my umbrella. I have to buy (one, it).

2. The baby didn't have (some, any) milk.

3. (Both, One) of them have a talent for music.

4. I bought (some, any) cheese.

B 다음 빈칸에 들어갈 알맞은 말을 〈보기〉에서 골라 쓰시오.

| 보기 | the other | another | all | others |

1. I don't like this skirt. Can you show me _____?

2. She loves classical music. _____ of her CDs are classic.

3. Alice bought two books. One is a poetry book. _____ is a science fiction.

4. I invited many people to my birthday party. Some are my relatives and _____ are my friends.

[1~2] 다음 빈칸에 가장 알맞은 것을 고르시오.

1

Is _____ a bird or an airplane?

① any　　　　　② one
③ that　　　　　④ these
⑤ those

2

There are three children in the room.
I know _____ of them.

① all　　　　　② any
③ both　　　　　④ other
⑤ another

[3~4] 다음 빈칸에 공통으로 들어갈 단어를 고르시오.

3

_____ MP3 players are very expensive.
_____ are my parents' suitcases.

① This　　　　　② That
③ They　　　　　④ These
⑤ Ones

4

I have _____ questions.
Would you like _____ coffee?

① any　　　　　② these
③ those　　　　　④ some
⑤ one

5 다음 밑줄 친 부분의 쓰임이 다른 하나는?

① This is my friend, Tina.
② Look at this!
③ This is your coat.
④ This movie is really interesting.
⑤ This is a very big lake.

6 다음 중 밑줄 친 부분의 쓰임이 바른 것은?

① One should not smoke in public places.
② Both of them is making egg salad.
③ Any of them were wrong.
④ I have lost my key. I must find one.
⑤ One of two men is my brother and the others is my cousin.

7 다음 중 어법상 바르지 못한 문장은?

① I have some good news.
② She doesn't have any heaters at home.
③ Some people think that he was right.
④ Did you bring any cameras here?
⑤ I don't have some notebook computers.

8 다음 빈칸에 알맞은 말을 쓰시오.

He has five cats: a big _____ and four small _____.

9 다음 중 어법상 잘못된 부분을 찾아 바르게 고치시오.

I want to buy a jacket. I have a pink jacket now. I'm going to buy a black it.

_____ → _____

10 다음 문장을 아래와 같이 바꿀 때 빈칸에 알맞은 말을 쓰시오.

That is my dictionary.
= That _____ is mine.

[1~3] 다음 빈칸에 가장 알맞은 말을 고르시오.

1

> This is _____ computer.

① I　　　　　　② we
③ mine　　　　④ ours
⑤ my

2

> I have a brother and a sister. _____ are soccer fans.

① He　　　　　② She
③ They　　　　④ I
⑤ It

3

> A : Min-su, _____ is my brother, John.
> 　　John, _____ is my friend, Min-su.
> B : Hello, John. Nice to meet you.
> C : Hi, Min-su. Nice to meet you, too.

① he　　　　　② that
③ here　　　　④ this
⑤ there

4

다음 밑줄 친 부분과 바꾸어 쓸 수 있는 것은?

> A : Whose camera is this?
> B : I think it's <u>my camera</u>.

① I　　　　　　　② my's
③ me　　　　　　④ my
⑤ mine

5

다음 중 어법상 바르지 <u>못한</u> 문장은?

① He didn't visit her the other day.
② Where is your backpack?
③ Those are a great painter.
④ That bicycle is hers.
⑤ All of the players did their best for the game.

6

다음 빈칸에 알맞지 <u>않은</u> 것은?

> The black car is _____.

① his　　　　　② it's
③ my mother's　④ mine
⑤ yours

7

〈보기〉의 밑줄 친 <u>it</u>과 같은 용법으로 쓰인 것은?

> ┌ 보기 ┐
> How dark <u>it</u> is!

① This is my watch; <u>it</u>'s a Swiss one.
② <u>It</u> is past midnight.
③ <u>It</u> is no use trying to do that.
④ <u>It</u> is the red book that I want.
⑤ <u>It</u> is necessary to do it at once.

8

다음 밑줄 친 부분에 유의하여 주어진 두 문장을 우리말로 옮기시오.

> ⓐ Is this a picture of your <u>grandfather's</u>?
> ⓑ Is this a picture of your <u>grandfather</u>?

[9~11] 다음 두 문장의 뜻이 같도록 빈칸을 채우시오.

9

The weather will be fine tomorrow.

= _____ will be fine tomorrow.

10 These are her books.

= These books are _____.

11 To read an English book is hard for me.

= _____ is hard for me to read an English book.

[12~14] 다음 밑줄 친 (It)의 용법을 〈보기〉에서 고르시오.

보기
① 앞에 말을 받는 it ② 비인칭 대명사 it ③ 가주어 it

12 <u>It</u> is Sunday.

13 <u>It</u> was not easy to solve the math problem.

14 He has a rabbit. <u>It</u> is cute.

15 다음 두 문장을 한 문장으로 만들 때 빈칸에 알맞은 말을 쓰시오.

Aron is good at playing soccer.
Luise is good at playing soccer, too.

→ _____ Aron and Luise are good at playing soccer.

16 다음 괄호 안에 알맞은 것을 고르시오.

I want some apples. Please, give me these big (one, ones).

17 다음 빈칸에 들어갈 단어가 바르게 짝지어진 것은?

Would you like _____ coffee or tea?
_____ of the oranges are sour and others are sweet.
She doesn't buy _____ clothes.

① any - Some - any
② some - Any - some
③ some - Any - any
④ any - Any - some
⑤ some - Some - any

18 다음 중 밑줄 친 부분의 쓰임이 바른 것은?

① Tim brought <u>us</u> a sweet cake.
② <u>Him</u> brother is a great pilot.
③ Clean <u>yours</u> room!
④ <u>Their</u> like to play basketball a lot.
⑤ <u>It's</u> nose is long and thick.

[19~20] 다음 밑줄 친 부분의 쓰임이 나머지와 다른 것을 고르시오.

19 ① I like <u>its</u> sound.
② <u>Jane's</u> car is very old.
③ These are <u>Mr. Brown's</u> paintings.
④ <u>Her</u> computer is on the desk.
⑤ The white boots are <u>Mary's</u>.

20 ① I don't like <u>this</u> idea.
② <u>This</u> bag is theirs.
③ <u>This</u> is not a good toy.
④ I bought <u>this</u> book yesterday.
⑤ She watches <u>this</u> program every day.

[1~2] 다음 글을 읽고, 물음에 답하시오.

Today is ① John's birthday. John invited many friends and ② he cooked himself. There is _____ food on the table. John is in front of the table. Sam is sitting next to ③ he. Alice gives John a present. "④ This is for you." "Oh, thank you," says John. John and ⑤ his friends have a good time.

1 위 글의 밑줄 친 ①～⑤ 중에서 쓰임이 잘못된 것을 고르시오.

2 위 글의 빈칸에 가장 알맞은 단어를 고르시오.

① any   ② both
③ some   ④ ones
⑤ it

3 다음 밑줄 친 one이 가리키는 것을 본문에서 찾아 쓰시오.

My brother has a bike. I have a bike, too. But mine is old and dirty. So I ride his bike sometimes. My parents say that they will buy me a new one next year. I can't wait to have it!

one → _____

4 다음 글을 읽고, 빈칸에 알맞은 말을 쓰시오.

It is Sunday. It is a fine day. My family is at the park. The park is by the Han River. Many people are enjoying this Sunday afternoon. My father is running with So-ra. I'm talking with my mother. Some children are near us. They are playing with a ball. A dog is playing with the boys. One boy is running after the ball. And the dog is running after him. There are many people on the riverside. _____ are fishing or watching the river.

1   다음 글을 읽고 대화의 빈칸에 공통으로 들어갈 말을 쓰시오.

> A : Mom, this is Mr. Kim. _____ is my teacher. _____ teaches math in the public school.
> B : Nice to meet you, Mr. Kim. I am Kevin's mother, Rebecca.

2   다음 중 <u>어색한</u> 한 쌍의 대화를 <u>고르시오</u>.

① A : Is this your sister?
    B : Yes, it is a spaceship.
② A : Is this your book?
    B : Yes, it's mine.
③ A : Do you have a spoon?
    B : Yes, I have one.
④ A : Are these children joining the club?
    B : No, they aren't.
⑤ A : Why do you work at night?
    B : Because I have to call to the USA and we have different time zones.

3   다음 대화의 빈칸에 공통으로 들어갈 단어를 고르시오.

> A : Can I borrow your car tomorrow?
> B : No, you can't. I have to use _____ tomorrow.
> A : Where did you lose your pen?
> B : I lost _____ in the car.

① it   ② one
③ that   ④ this
⑤ them

4   다음 대화의 빈칸 (A)와 (B)에 알맞은 말을 쓰시오.

> A : Do you have ___(A)___ special food on Thanksgiving Day?
> B : Yes, we do. We eat turkey.
> A : Turkey? I've never tasted ___(B)___ before.

(A) : _____   (B) : _____

Chapter 7

형용사와 부사 훔쳐보기

Grammar

Words Pre-Test

- ☐ creative _____
- ☐ invention _____
- ☐ perfect _____
- ☐ responsible _____
- ☐ experience _____
- ☐ present _____
- ☐ pet _____
- ☐ price _____
- ☐ blanket _____
- ☐ huge _____
- ☐ lizard _____

- ☐ island _____
- ☐ useful _____
- ☐ smart _____
- ☐ fortunately _____
- ☐ condition _____
- ☐ expect _____
- ☐ solve _____
- ☐ chore _____
- ☐ social _____
- ☐ realize _____
- ☐ terrible _____

Unit 30 형용사

1 형용사의 용법

1) 명사의 성질이나 상태를 설명하며 명사 앞에서 수식한다.

This is a creative invention.

Andrew is a really kind person.

I want to have something sweet.

* –thing, –body, –one으로 끝나는 대명사는 형용사가 뒤에서 위치한다.

ex) something special (○), special something (×)

2) 주어의 성질이나 상태를 설명해주는 형용사는 동사 뒤에서 수식한다.

Her cellular phone is new. It is expensive.

2 종류

1) 형용사는 보통 사람 · 사물의 성질, 상태, 종류, 색깔 등을 나타낸다.

The police officer is responsible.

Clean your dirty room.

2) 수나 양을 나타내는 형용사

	셀 수 있는 명사	셀 수 없는 명사	모든 명사
조금 있는 (긍정)	a few	a little	
거의 없는 (부정)	few	little	
많은	many	much	a lot of(lots of)

My mother is making many cookies.

I spent much time at the office.

A few students are present today.

I have few friends. I'm lonely.

The worker has little experience.

Lots of people all over the world speak English.

* 형용사란?
– '시원한 바람, 그녀는 예쁘다'의 '시원한, 예쁜'처럼 명사나 대명사의 성질과 상태를 구체적으로 설명해 주는 말이 형용사이다.

– a나 the가 올 경우 'a(the)+형용사+명사' 순서가 된다.
He is a famous TV star.

Check-up

A 다음 괄호 안에 알맞은 것을 고르시오.

1. Have a (good, well) trip!

2. Prices are very (high, highly) in Tokyo.

3. How (much, many) holidays are there in a year?

4. Do you want (something cold, cold something) to drink?

5. I can't go out. I have too (much, many) work.

B 다음 글을 읽고, 형용사에 동그라미 표시하시오.

> The brown dog is Kate's. It is a small pet. It has a short tail and it sleeps on a soft blanket. It drinks water from a large bowl. It likes sweet fruit.

Unit 31 부사

1 부사의 용법

1) 부사는 보통 동사 뒤에서 그 의미를 강조한다.
Tom skates well.
Kang Sujin dances beautifully.

2) 부사는 형용사나 다른 부사 앞에서 그 의미를 더 풍부하게 해준다.
Skating is very interesting. He practices it really hard.

3) 문장의 맨 앞에 부사를 쓰면 문장 전체의 의미가 더 풍부해진다.
Unfortunately, he fell in the skating rink. Luckily, he did not get hurt.

* 부사란?
'매우 큰', '빨리 달리다'의 '매우, 빨리'처럼 부사는 형용사와 동사, 또는 다른 부사를 강조하거나, 보다 구체적이고 정확한 정보를 제공한다.

2 종류

때	장소	정도	방법	빈도
now(지금) then(그때) today(오늘) yesterday(어제) early(일찍)	here(여기에) there(저기에) far(멀리) near(가까이에)	very(매우) much(많이) quite(꽤)	fast(빨리) slowly(천천히) well(잘) hard(열심히)	sometimes(때때로) often(자주) always(항상) never(결코 ~ 않는)

She opened the door slowly.
He is quite good at figure skating.

* 빈도부사 : 어떤 일이 얼마나 자주 일어나는지를 나타내며, 일반동사 앞이나 조동사, be동사 뒤에 위치한다.
Koren always walks to school.
It is usually cool in fall.

3 형태

형용사를 부사로 만드는 방법

일반적인 형용사	-ly를 붙인다.	bad → badly
y로 끝나는 형용사	y를 i로 바꾸고 -ly를 붙인다.	happy → happily
le로 끝나는 형용사	e를 빼고 -y를 붙인다.	simple → simply

This is a simple question. → I can solve this question simply.
He is a bad basketball player. → He plays basketball badly.

* long, fast, early, late, high 등은 형용사와 부사의 형태가 같다.
My watch is two minutes fast. (형용사)
He ran fast. (부사)

Check-up

A   다음 괄호 안에 알맞은 것을 고르시오.

1. You speak English very (good, well).
2. (Happy, Happily), he passed the test.
3. Rabbits run very (fast, fastly).
4. She tries to do everything (perfect, perfectly).
5. I (always will, will always) love you.

B   다음 밑줄 친 단어를 부사로 바꾸어 빈칸을 채우시오.

1. The job was easy.　　　→ They did it _____.
2. Susan is a careful driver.　→ She drives _____.
3. David is a good swimmer.　→ He swims _____.
4. Tim is a hard worker.　　→ He works _____.

1 비교급의 형태와 의미 「형용사(부사) + –er + than」 ~보다 더 …한(하게)

Jane is older than Mike.
Jane studies harder than Mike.
Math is more difficult than English for me.

2 최상급의 형태와 의미 「the + 형용사 + –est 」, 「부사 + –est」 가장 ~한(하게)

Mark is the youngest student in the class.
I think Venice is the most beautiful city in the world.
He runs fastest of all the students.

3 비교급과 최상급을 만드는 방법

1) 규칙 변화

	만드는 법	원급	비교급	최상급
대부분의 형용사 · 부사	형 · 부의 원급 +–(e)r/(e)st	strong short fast large wise nice	stronger shorter faster larger wiser nicer	strongest shortest fastest largest wisest nicest
「단모음+단자음」으로 끝날 때	끝자음 + –er/est	hot big thin	hotter bigger thinner	hottest biggest thinnest
y로 끝날 때	y 를 i 바꾸고 –er/est	easy happy early	easier happier earlier	easiest happiest earliest

2) 불규칙 변화

원급	비교급	최상급
good / well bad many / much	better worse more	best worst most

---

* 비교급
두 개의 대상을 비교할 때 사용

* 최상급
셋 이상의 대상을 비교할 때 사용

* 원급
「as+형용사(부사)의 원급+as …」
'…만큼 ~한'
Today is as cold as yesterday.

* 최상급 다음에는 '~ 중에서'의 뜻인 in[of]를 써서 비교 범위를 나타낼 수 있다.

* more, most를 앞에 붙여 비교급, 최상급을 나타내는 경우
–ful, –ous 등으로 끝나는 2음절의 형용사/3음절 이상의 긴 형용사/'형용사+–ly'꼴의 부사
ex) more dangerous
the most expensive
more famous
the most famous

Check-up

A 다음 단어들의 비교급과 최상급을 각각 쓰시오.

	1. easy	2. thin	3. hard	4. large	5. well	6. long
비교급						
최상급						

B 그림과 일치하도록 괄호 안의 단어를 알맞게 바꿔 빈칸에 쓰시오.

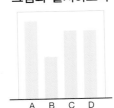

1. B is _____ than A. (short)

2. A is _____ than C. (tall)

3. B is the _____ of all. (short)

4. C is as _____ as D. (tall)

1 다음 중 원급-비교급-최상급의 연결이 <u>잘못된</u> 것은?

① mild – milder – mildest
② fat – fatter – fattest
③ bad – badder – baddest
④ heavy – heavier – heaviest
⑤ exciting – more exciting – most exciting

2 다음 중 형용사-부사의 연결이 <u>잘못된</u> 것은?

① bad – badly
② angry – angrily
③ early – earlily
④ huge – hugely
⑤ fast – fast

3 다음을 주어진 우리말과 같은 뜻이 되도록 빈칸에 알맞은 말을 쓰시오.

> Mike는 Susan 만큼이나 빨리 달린다.
> Mike runs as _____ as Susan.

[4~5] 다음 괄호 안의 단어를 넣어 다시 쓴 문장으로 알맞은 것을 고르시오.

4

> I finally bought a lizard. (small)

① I finally small bought a lizard.
② I finally bought small a lizard.
③ I finally bought a small lizard.
④ I small finally bought a lizard.
⑤ I finally bought a lizard small.

5

> He is at home on Sundays. (never)

① He is never at home on Sundays.
② He is at home on never Sundays.
③ He is at home never on Sundays.
④ Never he is at home on Sundays.
⑤ He is at home on Sundays never.

[6~7] 다음 빈칸에 가장 알맞은 것을 고르시오.

6

> My brother speaks Chinese _____ than I.

① better
② good
③ best
④ well
⑤ more

7

> Jejudo is the _____ island in Korea.

① big
② bigger
③ biggest
④ more big
⑤ most big

8 다음 밑줄 친 부분에 유의하여, 두 문장을 우리말로 옮기시오.

> ⓐ <u>Happily</u> he did not die.
> ⓑ He did not die <u>happily</u>.

9 다음 밑줄 친 pretty의 의미가 나머지 넷과 <u>다른</u> 것은?

① He can ski <u>pretty</u> well.
② The weather is <u>pretty</u> good.
③ It's a <u>pretty</u> good idea.
④ She is very <u>pretty</u>.
⑤ I feel <u>pretty</u> tired.

10 다음 빈칸에 than이 들어갈 수 <u>없는</u> 것은?

① You eat more _____ I do.
② She is as clever _____ Tom.
③ I feel better _____ last night.
④ Seoul is bigger _____ Busan.
⑤ I got up earlier _____ Mike.

1 다음 중 원급–비교급–최상급의 연결이 <u>잘못된</u> 것은?

① good – better – best
② hot – hoter – hotest
③ early – earlier – earliest
④ large – larger – largest
⑤ useful – more useful – most useful

[2~3] 다음 빈칸에 가장 알맞은 것을 고르시오.

2

He has a very _____ wife .

① smart
② smartly
③ smarter
④ with smart
⑤ most smart

3

David is as _____ as James.

① taller
② more tall
③ most tall
④ tallest
⑤ tall

4 다음 빈칸에 들어갈 단어가 바르게 짝지어진 것은?

I am _____ than Daniel.
I am the _____ in my family.

① young – younger
② youngest – younger
③ younger – youngest
④ more young – most young
⑤ youngest – young

5 다음 괄호 안의 단어를 이용하여 빈칸에 알맞은 말을 쓰시오.

Tom is 43Kg. Brian is 50Kg.

Brian is _____ _____ Tom. (heavy)

6 다음 밑줄 친 부분의 쓰임이 바른 것은?

① She has <u>many money</u>.
② We had <u>little friends</u>.
③ They saw <u>a little things</u> there.
④ There was <u>a little juice</u> in the glass.
⑤ There isn't <u>many bread</u> in the basket.

[7~8] 다음 우리말을 영어로 바르게 옮긴 것을 고르시오.

7

그녀는 항상 나에게 미소 짓는다.

① She always smiles at me.
② She smiles always at me.
③ She smiles at me always.
④ She smiles at always me.
⑤ She always at smiles me.

8

나는 따뜻한 것을 먹고 싶어.

① I want to eat warm something.
② I want to eat some warm.
③ I want to eat warm some .
④ I want to eat warm a thing.
⑤ I want to eat something warm.

9 다음 밑줄 친 형용사의 쓰임이 나머지와 <u>다른</u> 하나는?

① Those are <u>wonderful</u> cars.
② She is a <u>wonderful</u> woman.
③ He gave me a <u>wonderful</u> cap.
④ The scene was <u>wonderful</u>.
⑤ Tom has a <u>wonderful</u> pet.

10 다음 중 어법상 바르지 <u>못한</u> 문장은?

① The story has a happy ending.
② She looks young for her age.
③ He works diligently.
④ He often plays computer games.
⑤ She became famouser than her mother.

11 다음 주어진 우리말을 영어로 옮길 때 빈칸에 알맞은 것은?

> Mike는 우리 반에서 수영을 가장 잘한다.
> = Mike is _____ our class.

① better swimmer than
② the better swimmer in
③ the best swimmer in
④ a good swimmer in
⑤ the best swimmer than

12 다음 빈칸에 알맞지 <u>않은</u> 것은?

> Andrew _____ helps his mother.

① usually   ② often
③ never   ④ every morning
⑤ sometimes

13 다음 밑줄 친 부분의 쓰임이 바른 것은?

① Joanna got up <u>lately</u> this morning.
② You should study <u>hardly</u>.
③ An eagle flies <u>highly</u>.
④ She drove her car <u>slowly</u>.
⑤ He ran <u>fastly</u> and won the race.

14 밑줄 친 (A)와 (B)에서 어법에 맞는 표현을 고르시오.

> A lot of people were worried about his health. (A) Fortunate/Fortunately, his condition was much (B) good/better than we expected.

(A) : _____   (B) : _____

[15~16] 다음 우리말과 같은 뜻이 되도록 빈칸에 알맞은 말을 쓰시오.

15 나는 그 책이 지루하다는 것을 알았다.

→ I found the book _____.

16 나는 올해 가장 흥미로운 영화를 보았다.

→ I watched the _____ exciting movie this year.

17 다음 문장에서 어법상 바르지 <u>못한</u> 곳을 찾아 바르게 고치시오.

> Jason is always good both at school and home. He always listens to his teacher careful. He often helps his mother to do household chores.

_____ → _____

18 다음 대화의 빈칸에 알맞은 말을 쓰시오.

> A : How are you feeling today?
> B : I feel _____ than yesterday. (bad)
> A : Sorry to hear that.

[19-20] 다음 글을 읽고 물음에 답하시오.

> There is ___(A)___ about animals in the zoo. (B) <u>동물원에 있는 많은 동물들은 결코 행복해 보이지 않는다.</u> Maybe they are thinking about their real home and missing their family.

19 빈칸 (A)에 들어갈 말로 알맞은 것은?

① sad something   ② something sad
③ sad thing   ④ sad things
⑤ sad

20 (B)의 우리말에 맞게 주어진 단어를 배열하시오.

> animals, look, in the zoo, happy, never

→ Many _____.

[1~2] 다음 글을 읽고, 물음에 답하시오.

> John is going to get up (A) late/lately every morning, visit friends every afternoon, and enjoy (B) quietly/quiet evenings at home with his wife during this vacation.

1 위 글의 밑줄 친 (A)와 (B)에서 어법에 맞는 표현을 고르시오.

(A) : _____   (B) : _____

2 (B)의 quiet와 quietly의 관계와 다른 하나를 고르시오.

① slow - slowly   ② good - well
③ large - largely   ④ easy - easily
⑤ hard - hardly

3 다음 글의 내용상 빈칸 (A)와 (B)에 알맞은 말이 바르게 짝지어진 것을 고르시오.

> Kate has (A) social study classes (B) Susan does. She has five a week and Susan has only three.

	(A)		(B)			(A)		(B)
① more	⋯⋯	than			② more	⋯⋯	then
③ much	⋯⋯	thin			④ less	⋯⋯	than
⑤ less	⋯⋯	then					

4 다음 글을 읽고 어법상 옳지 않은 문장을 고르시오.

> ① I had a very bad day. ② I got up one hour later than usual. I thought all of my family members already went out because there was no one at home. While I hurried to school, ③ suddenly, it started raining heavy. I took a taxi and I realized that I forgot to bring my wallet. I had to call mom and asked her to bring a taxi fare. ④ Finally, she came and said, "It's Sunday. Why are you going to school?" ⑤ What a terrible day I had!

1 다음 대화의 밑줄 친 부분에 들어갈 말로 가장 적절한 것을 고르시오.

> Yu-mi : May I speak to Mike?
> Mike : Yes, this is he speaking.
> Yu-mi : Hi, Mike. This is Yu-mi. What are you doing now?
> Mike : I'm cleaning my room.
> Yu-mi : I'm doing my math homework. It's very _____. Please help me.
> Mike : All right.

① easy
② interesting
③ difficult
④ good
⑤ simple

2 다음 대화의 밑줄 친 부분 중 어법상 옳지 않은 곳을 고르시오.

> A : ① What does usually Steve do ② on Sunday?
> B : He ③ often goes swimming. ④ He really likes swimming.
> A : What ⑤ will Steve do next Sunday?
> B : He will go hiking.

3 다음 중 어색한 한 쌍의 대화를 고르시오.

① A : How tall are you, James?
　 B : I'm as tall as you.
② A : How old is your brother?
　 B : He's your age. He's two years older than you.
③ A : How would you like your steak?
　 B : Well-done, please.
④ A : Can you lend me some money?
　 B : How much money do you need?
⑤ A : How many students are there in the room?
　 B : There are about twenty students.

Chapter 8

전치사와 접속사
구경하기

Grammar

Words Pre-Test

- ☐ arrive _____
- ☐ surf _____
- ☐ bridge _____
- ☐ cafeteria _____
- ☐ nervous _____
- ☐ mobile _____
- ☐ travel _____
- ☐ near _____
- ☐ vase _____
- ☐ lift _____
- ☐ aquarium _____

- ☐ wave _____
- ☐ careful _____
- ☐ fasten _____
- ☐ seatbelt _____
- ☐ graduate _____
- ☐ complete _____
- ☐ shout _____
- ☐ choose _____
- ☐ recover _____
- ☐ deaf _____
- ☐ hurry _____

1 장소 · 위치의 전치사

1) at '~ 에'라는 뜻으로 비교적 좁은 장소나 구체적인 장소 앞

He will arrive **at** Kimpo Airport this morning.

Let's meet **at** the bus stop.

2) in '~ (안)에'라는 뜻으로 건물이나 어떤 공간의 내부, 또는 비교적 넓은 장소 앞

I like to swim **in** the sea.

We can see many fish **in** the water.

3) on '~ 위에'라는 뜻으로 어떤 장소의 표면과 접촉해서 위에 있음을 나타냄

My friends are playing beach volleyball **on** the sand.

A man enjoys surfing **on** the waves.

4) under '~ 아래에'라는 뜻으로 어떤 것의 표면과 떨어져서 아래에 있음을 나타냄

Some people are talking **under** the beach umbrella.

My dog is sleeping **under** the table.

2 방향의 전치사

1) into '안으로'라는 뜻으로 내부로의 방향을 나타냄

Throw it **into** the fire.

The mouse ran **into** the hole.

2) to + 도착지(~ 으로, ~ 에), **from** + 출발지(~ 에서, ~ 로부터)

I usually walk **to** school.

We went out **from** the post office.

---

* 그 밖의 장소, 위치, 방향 전치사
between ~ and ~ : ~ 사이에
across from : ~의 맞은편에
in front of : ~ 앞에
near : ~ 가까이에
behind : ~ 뒤에
next to : ~ 옆에
beside : ~ 옆에
down : ~ 아래로
over : ~ 위에
by : ~ 옆에
up : ~ 위로

* 전치사 뒤에 오는 명사나 대명사를 전치사의 목적어라고 한다. 전치사 다음에 대명사가 올 경우, 목적격을 써야 한다.
They laughed at <u>him</u>.

Check-up

A 다음 괄호 안에 알맞은 말을 고르시오.

1. She is studying (at, on) school.

2. Look at the pictures (at, on) the wall.

3. He is standing (by, in) the window.

4. I found a coin (on, in) the floor.

5. Norway is (at, in) Europe.

B 다음 빈칸에 가장 적절한 말을 〈보기〉에서 골라 쓰시오.

보기	under	at	in	on	into

1. He lives _____ London.

2. We will meet him _____ the station.

3. Please sit _____ the chair.

4. A river runs _____ the bridge.

5. Look! A tiger fell _____ the trap.

Unit 34 시간 전치사

1 시간의 전치사

1) in '〜에'라는 뜻으로 달, 계절, 연도 앞이나 아침, 오후 등 하루 중 일부를 나타낼 때 사용

in the morning, in the afternoon, in the evening
I was born in 1993. My birthday is in May.
We often go skiing in the winter.

2) on '〜에'라는 뜻으로 날짜, 요일, 특정한 일시 앞에 사용

on Monday afternoon, on a hot day, on Christmas Day
We go back to school on March 2.
We exercise in the gym on Friday.

3) at '〜에'라는 뜻으로 구체적인 시각과 같이 비교적 짧은 시간 앞에 사용

at night, at noon, at midnight
School starts at 9 o'clock.
At lunchtime we have lunch in the cafeteria.

4) for / during '〜 동안에'라는 뜻으로 for는 숫자와 함께 쓰이는 말 앞에, during은 일정한 기간을 나타내는 말 앞에 사용

for one hour, during the test
I lived in New York for three years.
We're going to New York during our summer vacation.

5) before / after before는 '〜 전에'라는 의미이고, after는 '〜 후에'라는 의미

Everyone is nervous before exams.
Call me before 2 o'clock.
I play soccer after school.

* 그 밖의 시간 전치사
until(till) : 〜까지
around : 〜경에, 무렵

* 그 밖의 전치사
- by: 〜를 타고(〜로)
- about: ~에 대하여, 약 ~
- with: 〜와 함께, 〜를 가지고
- without: 〜 없이

I will travel Mongolia by train.
He wants to know about her.
I had a good time with my sister.
I draw a picture with crayon.
I can't live without you.

Check-up

A 다음 빈칸에 at, on, in 중 알맞은 것을 쓰시오.

1. _____ November
2. _____ midnight
3. _____ January 27
4. _____ Sunday morning
5. _____ Friday
6. _____ 6 o'clock
7. _____ the fall
8. _____ a rainy day

B 다음 괄호 안에 알맞은 것을 고르시오.

1. He gets up early (in, on) the morning.

2. I'll stay there (for, during) a few weeks.

3. I have to go home (before, for) 5 o'clock.

4. Turn off your mobile (for, during) the movie.

5. Susan met Jack first (in, on) 2006.

Unit 33~34

[1~3] 다음 빈칸에 가장 알맞은 말을 고르시오.

1 _____ spring Sally sells many kinds of beautiful flowers.

① Of   ② On
③ About   ④ In
⑤ To

2 I always have lunch _____ noon.

① in   ② on
③ between   ④ at
⑤ to

3 There are lots of places to visit _____ Europe.

① at   ② in
③ by   ④ from
⑤ into

4 우리말과 같은 뜻이 되도록 할 때 빈칸에 들어갈 말로 알맞은 것은?

> 나는 여름방학 동안 파리로 여행을 갈 것이다.
> = I will travel to Paris_____ the summer vacation.

① during   ② for
③ on   ④ at
⑤ from

[5~6] 다음 밑줄 친 부분의 쓰임이 잘못된 것을 고르시오.

5
① It rained a lot <u>for</u> a week.
② He takes a walk <u>after</u> dinner.
③ I have to go home <u>before</u> 7 o'clock.
④ There is a cat <u>under</u> the table.
⑤ He started the piano lesson <u>in</u> January 5.

6
① Look at the stars <u>in</u> the sky!
② A cat is walking <u>on</u> the roof.
③ There are 20 students <u>on</u> this room.
④ I'm sitting <u>near</u> the children.
⑤ Put a flower vase <u>in front of</u> the bed.

7 다음 빈칸에 들어갈 말이 바르게 짝지어진 것은?

> Leaves change their color _____ the fall.
> We play baseball _____ weekends.

① at ········ on   ② in ········ on
③ for ········ in   ④ on ········ in
⑤ in ········ in

8 다음 빈칸에 at이 들어갈 수 없는 것은?

① I like to study _____ night.
② We have a meeting _____ three.
③ She comes home _____ 4 o'clock.
④ I usually go to bed _____ midnight.
⑤ I do my homework _____ the evening.

[9~10] 우리말과 같은 뜻이 되도록 빈칸에 알맞은 말을 쓰시오.

9
> 그들은 방과 후에 어디에서 공부를 하니?
> Where do they study _____ school?

10
> 버스 정류장에서 만나자.
> Let's meet _____ the bus stop.

Unit 35 접속사 I

1 **and** '~과, 그리고'의 뜻으로 여러 내용을 나열하거나 서로 비슷한 내용을 연결할 때 사용

I wanted to buy apples and oranges.
I went to the market, and she went to the department store.
Lisa needed a blouse, a skirt, and a jacket.

2 **but** '그러나'의 뜻으로 서로 반대되거나 대조되는 내용을 연결할 때 사용

John is small but strong.
I'm very tall but too weak.
I can't lift the table, but he can lift it.

3 **or** '또는, 혹은'의 뜻으로 연결되는 내용 중 하나를 선택하고자 할 때 사용

Is it milk or coffee?
He can drink milk, juice, or green tea.
You can drink this milk, or I'll bring you some juice.

4 **so** '그래서'의 뜻으로 문장과 문장을 연결하며 결과를 나타낼 때 사용

I was bored, so I read some comic books.
They were very funny, so I read them all night.
I didn't sleep at all, so I was very tired in the morning.

* 접속사
단어와 단어, 구와 구, 문장과 문장을 연결하는 것
and, but, or는 서로 대등한 관계에 있는 말들을 연결하는 역할을 한다.
I like a rose and a tulip.
　　　명사　　　　명사
She is young but wise.
　　　형용사　　　형용사

* 세 개 이상을 연결할 때는 제일 마지막 단어 앞에만 and를 쓴다.

* not A but B : 'A가 아니라 B이다'
I'm not Chinese, but Korean.

Check-up

A 다음 빈칸에 알맞은 말을 〈보기〉에서 골라 쓰시오.

보기	and	or	but	so

1. I know Tony, _____ I don't know his sister.
2. English _____ French are her favorite subjects.
3. She meets Jane, once a week, on Saturday _____ Sunday.
4. It is cold, _____ we can't go swimming.
5. Penguins can swim, _____ they can't fly.
6. Jenny likes oranges, apples, _____ cherries.
7. His lecture is long, _____ interesting.
8. Do you want to go to the zoo _____ the aquarium?

B 다음 괄호 안에 알맞은 말을 골라 차례대로 쓰시오.

I don't like cats, dogs, (and, but) monkeys. They're cute (so, but) noisy. I like snakes (and, but) lizards. They're ugly (so, but) quiet. Which do you like, dogs (or, but) snakes?

Unit 36 접속사 II

1 시간을 나타내는 접속사

1) **when** ~할 때
I met Paul **when** I walked to school.
When he saw me, he waved to me.

2) **before** ~하기 전
My mother always washes her hands **before** she cooks.
Before I come back home, she finishes cooking.

3) **after** ~한 후
I usually go to the library **after** school is over.
After I study in the library, I go home.

2 이유나 원인을 나타내는 접속사 **because** ~하기 때문에
I was late for school **because** I got up late this morning.
Because I was late, my teacher scolded me.

3 조건을 나타내는 접속사 **if** 만약 ~라면
I won't go there **if** it rains tomorrow.
If you are not feeling well, go and see the doctor.

4 주어, 목적어, 보어 역할을 하는 명사절을 이끄는 접속사 **that** ~인것, ~하다는 것
The problem is **that** I don't know her name.
I hope **that** he will get well soon.

---

*의문사 when과 접속사 when
① 의문사 : 언제
When is your birthday?
네 생일은 언제니?
② 접속사 : ~할 때
I read books when I have time.

*전치사, 접속사로 모두 쓰이는 after, before
① 접속사
before 또는 after+주어+동사
After I had lunch, I went home.
② 전치사
before 또는 after+명사/대명사
After lunch, I went home.

*when, before, after, because 등의 접속사가 문장 앞에 올 때는 접속사가 이끄는 문장 다음에 ,(콤마)를 쓴다.

Check-up

A 다음 괄호 안에 알맞은 말을 고르시오.

1. I cry (when, but) I feel sad.

2. He went to the doctor (so, because) he had a fever.

3. (After, Before) I turned on the TV, I watched the cartoon show.

4. (That, If) it rains tomorrow, I won't go out.

5. I know (that, because) you were honest at that time.

B 다음 밑줄 친 부분에 유의하여 내용이 자연스럽게 이어지도록 연결하시오.

1. I believe   ·   ⓐ <u>after</u> you study design.

2. He was reading a book ·   ⓑ <u>that</u> the song will get popular soon.

3. Knock on the door   ·   ⓒ <u>when</u> I saw him.

4. You can be a designer ·   ⓓ <u>before</u> you come in.

5. I went home early   ·   ⓔ <u>because</u> I didn't feel good.

[1~3] 다음 빈칸에 가장 알맞은 말을 고르시오.

1 They got married _____ lived a happy life.

① and   ② but
③ that   ④ if
⑤ when

2 Which do you like better, coffee _____ tea?

① and   ② but
③ or   ④ for
⑤ so

3 Please be more careful _____ you drive at night.

① when   ② and
③ before   ④ so
⑤ after

4 다음 that의 쓰임이 나머지와 <u>다른</u> 것은?

① She saw <u>that</u> he stole the money.
② We couldn't believe <u>that</u> we lost the game.
③ Can I try <u>that</u> yellow shirt on?
④ Mandy hopes <u>that</u> she can swim well.
⑤ Jimmy knows <u>that</u> the news is not true.

5 다음 빈칸에 공통으로 들어갈 말로 알맞은 것은?

My brother is short, _____ I am tall.
My parents don't like hip-hop music, _____ I like it.

① and   ② because
③ but   ④ after
⑤ or

6 다음 빈칸에 들어갈 말이 바르게 짝지어진 것은?

Fasten your seatbelt _____ you drive a car.
Tony was late for school _____ he got up late in the morning.

① after .... when
② before .... because
③ so .... after
④ because .... before
⑤ that .... if

7 우리말과 같은 뜻이 되도록 빈칸에 알맞은 단어를 쓰시오.

졸업을 한 후에 당신은 무엇을 할 계획이십니까?
What are you going to do _____ you graduate?

[8~9] 다음 두 문장의 뜻이 같도록 빈칸에 알맞은 말을 쓰시오.

8 I exercise before I take a shower.

= I take a shower _____ I exercise.

9 I have so much homework, so I can't go out tonight.

= I can't go out tonight _____ I have so much homework.

10 다음 중 when의 쓰임이 나머지와 <u>다른</u> 것은?

① What happened <u>when</u> the show ended?
② <u>When</u> did your brother leave?
③ <u>When</u> he came home, there was no one.
④ I'll visit my uncle <u>when</u> I go to the USA.
⑤ <u>When</u> I went out, it was raining.

1 빈칸에 공통으로 들어갈 알맞은 전치사를 쓰시오.

> Did you get up _____ 6 o'clock yesterday?
> I saw Brian _____ the bus stop.

[2~3] 다음의 빈칸에 알맞은 말을 쓰시오.

2
> 나는 내 열쇠를 창문 옆 선반 위에 놓았다.
> I put my key _____ the shelf next to the window.

3
> 김 박사의 사무실은 경찰서와 우체국 사이에 있습니다.
> Dr. Kim's office is _____ the police station and the post office.

4 밑줄 친 when의 쓰임이 다른 하나는?

① When you were young, what did you want to be?
② What was she doing when you got home?
③ When the light went out, there was complete darkness.
④ When did you borrow these two books?
⑤ I will call you when I arrive in Rome.

5 다음 문장에서 어법상 잘못된 곳을 찾아 바르게 고치시오.

> I usually get up at 7 a.m. on the morning because I have to get on the bus before 8. I got up late this morning, so I missed the bus.

_____ → _____

6 다음 중 밑줄 친 부분의 쓰임이 바르지 못한 것은?

① The fashion magazines are under the table.
② Martin threw a ball into the window.
③ There is a bakery beside the book store.
④ Ally is sitting in front to Joanna.
⑤ Balls are in the basket.

[7~8] 다음 빈칸에 가장 알맞은 말을 고르시오.

7 **We tried hard, _____ we did not win.**

① and
② so
③ for
④ but
⑤ because

8 **_____ one hundred people were gathering for the event.**

① Of
② On
③ To
④ In
⑤ About

9 다음 빈칸에 들어갈 말이 바르게 짝지어진 것은?

> She slept _____ 12 hours yesterday.
> Don't talk _____ the class.

① for – during
② in – for
③ on – during
④ during – for
⑤ on – in

[10~11] 다음 중 ①~⑤ 중 괄호 안의 단어가 들어갈 적절한 곳을 고르시오.

10 ① I couldn't ② play ③ tennis ④ I broke ⑤ my arm. (because)

11 ① I ② go ③ on a vacation, ④ I always go to the beach ⑤. (when)

12 다음 빈칸에 알맞지 <u>않은</u> 것은?

> He is young and _____.

① healthy   ② strong
③ tough   ④ handsome
⑤ boy

13 다음 대화의 빈칸 (A)와 (B)에 알맞은 말을 쓰시오.

> A : When were you born?
> B : I was born ___(A)___ Christmas day.
> A : Really? Then, where were you born?
> B : ___(B)___ Atlanta.

(A) : _____   (B) : _____

14 다음 밑줄 친 부분의 쓰임이 <u>다른</u> 하나는?

① She said <u>that</u> it was not hers.
② I don't want to read <u>that</u> book.
③ I thought <u>that</u> he was very brave.
④ The fact is <u>that</u> the man is a thief.
⑤ It isn't true <u>that</u> she didn't come back yesterday.

[15~16] 다음 대화의 빈칸에 알맞은 말을 〈보기〉에서 골라 쓰시오.

┌─ 보기 ─
| Because | But | So |

15

> A : Why did you leave so early?
> B : _____ I had something to do.

16

> A : Didn't you learn how to play the piano?
> B : Sure, I did. _____ I forgot a lot.

17 다음 빈칸에 공통으로 들어갈 알맞은 전치사를 쓰시오.

> School begins _____ September _____ the USA.

[18~19] 다음 우리말을 영어로 바르게 옮긴 것을 <u>고르시오</u>.

18

> Tom은 다음 주 월요일까지 파리에 머물 것이다.

① Tom will stay in Paris in next Monday.
② Tom will stay in Paris on next Monday.
③ Tom will stay in Paris until next Monday.
④ Tom will stay in Paris at next Monday.
⑤ Tom will stay in Paris from next Monday.

19

> Brown은 내 옆에 앉아 있었다.

① Brown was sitting to me.
② Brown was sitting next me.
③ Brown was sitting on me.
④ Brown was sitting next to me.
⑤ Brown was sitting across me.

20 다음 중 어법상 바르지 <u>못한</u> 문장은?

① I didn't stay on home.
② She came from Korea.
③ It's cool under the trees.
④ Dr. Kim was in the office.
⑤ Alex was sitting by the window.

1 다음 글을 읽고, 빈칸에 가장 알맞은 말을 고르시오.

I'm a member of our school baseball team. Yesterday I played my first game after school. I hit a home run, _____ my friends shouted for joy. I was chosen the best player on the team. It was a very happy day.

① or   ② but
③ to   ④ so
⑤ because

2 다음 〈보기〉에서 (ⓐ)~(ⓑ)에 각각 들어갈 전치사를 고르시오.

보기

On   Of   Over   At

You are invited to the Willy Loman's 18th birthday party.
(ⓐ   ) March 2nd
(ⓑ   ) Whiteways Hotel from 8 p.m.

3 다음 글을 읽고, 빈칸 (A)와 (B)에 알맞은 접속사를 쓰시오.

Helen Keller was born in Alabama, on June 27, 1880. _____(A)_____ she was nineteen months old, she fell ill. After she recovered, she became both deaf and blind. She couldn't see, listen and talk. Fortunately, she met Anne Sullivian and she changed Helen's life. After several years, Helen could communicate with people _____(B)_____ Anne taught her sign language.

(A): _____   (B): _____

4 다음 글을 읽고, 어법상 옳지 <u>않은</u> 것을 고르시오.

① When I arrive at home after school, ② I do my homework first and take care of my sister before we have dinner. ③ After dinner, I help my mother prepare for dessert ④ and we watch television during an hour. ⑤ Before I go to bed, I read some books and pack my school bag.

1 다음 우리말에 맞게 대화의 빈칸에 들어갈 말이 바르게 짝지어진 것을 고르시오.

A : What time do you go to church _____ Sunday?
(너희들은 일요일에 몇 시에 교회에 가니?)
B : _____ nine. (9시에.)
C : _____ 10 o'clock. (10시쯤에.)

① on ········ At ········ In   ② at ········ In ········ Around
③ on ········ At ········ Around   ④ in ········ On ········ Around
⑤ at ········ On ········ Near

2 다음 대화의 빈칸 (A), (B)에 공통으로 들어갈 접속사를 고르시오.

A : John, you are always late.
B : I'm sorry, _____(A)_____ I can't get up early.
A : That's a big problem. Go to bed earlier.
    Then you can get up early.
B : I try every day, _____(B)_____ it's very hard.

① and   ② or
③ but   ④ so
⑤ when

3 다음 중 <u>어색한</u> 한 쌍의 대화를 고르시오.

① A : Whom did you go with?
   B : I went there alone.
② A : When did you go out?
   B : At the evening.
③ A : You are everything to me.
   B : Thank you very much.
④ A : What is the movie about?
   B : Abraham Lincoln.
⑤ A : Why does she hurry up?
   B : Because she has to be there before 10.

[1~3] 다음 빈칸에 가장 알맞은 말을 고르시오.

1

My mother was a science teacher. Now I _____ a teacher, too.

① is　　　　　② am
③ are　　　　 ④ were
⑤ was

2

Tom and Susan are a fantastic couple, _____?

① is he
② isn't she
③ are they
④ aren't they
⑤ isn't he and she

3

He really needed somebody _____ him.

① help　　　　② helped
③ helper　　　 ④ helping
⑤ to help

4 다음 대화의 빈칸에 가장 알맞은 말은?

A : _____ does Mrs. Kim do for a living?
B : She's a cook.

① What　　　　② Why
③ Which　　　 ④ Whom
⑤ Who

5 다음 중 어법상 바르지 <u>못한</u> 문장은?

① Ann has five dogs at home now.
② The Korean War broke out in 1950.
③ My friend will buy an LCD TV next year.
④ Plants need water and light.
⑤ She flies to France a month ago.

6 다음 밑줄 친 부분의 쓰임이 어법상 바르지 <u>못한</u> 것은?

① She never <u>eats</u> meat.
② <u>Do</u> she understand English?
③ Tom <u>doesn't</u> like noodle.
④ Ann and Sandy <u>don't</u> watch television at all.
⑤ There <u>are</u> a lot of books in the box.

7 다음 문장의 빈칸에 **an(An)**이 알맞은 것은?

① Jindo is _____ island.
② Jim likes _____ girl.
③ _____ sun rises in the east.
④ Did you have _____ dinner with Cindy?
⑤ Mr. Kim works eight hours _____ day.

8 다음 우리말을 영어로 바르게 옳긴 것은?

너는 항상 조심해서 운전을 해야만 한다.

① You should always drive careful.
② You always should drive carefully.
③ You should always drive carefully.
④ You always should drive careful.
⑤ You drive always should carefully.

9 다음 밑줄 친 부분의 쓰임이 나머지와 다른 하나는?

① Do you have running shoes?
② There is a sleeping baby in this room.
③ The old lady has a walking stick.
④ She often went to the swimming pool last year.
⑤ There is a dancing room in this building.

10 다음 중 어색한 한 쌍의 대화는?

① A : Did you live in Seoul?
   B : Yes, I did.
② A : What was he doing there?
   B : He was eating dinner.
③ A : Did they see the concert?
   B : No, they didn't.
④ A : Were you angry this morning?
   B : No, I wasn't.
⑤ A : Did she have lunch?
   B : Yes, she has lunch a few hours ago.

11 다음 빈칸에 알맞지 않은 말은?

_____ has a wonderful gift in his hand.

① My husband   ② My father
③ A little boy   ④ The tall men
⑤ Your brother

12 다음 우리말과 의미가 같도록 빈칸에 들어갈 말이 바르게 짝지어진 것은?

그는 여자 친구에게 책을 사 줄 것이다.
→ He'll _____ a book _____ his girlfriend.

① buys – to   ② bought – to
③ bought – for   ④ buy – for
⑤ buy – of

[13~14] 다음 빈칸에 알맞은 말을 〈보기〉에서 골라 써 넣으시오.

┌─보기─┐
How   Let's   Would   What
└─────┘

13 A : _____ you like to have some coffee?
   B : No, thanks.

14 A : _____ go fishing this Sunday.
   B : That's a good idea.

15 다음 괄호 안의 말을 바르게 배열하시오.

A : What (nice, a, park)!
B : Yes, it really is.

16 다음 표를 보고 빈칸에 알맞은 말을 쓰시오.

	Willy	Victoria
Height	175cm	172cm

A : Who is taller, Willy or Victoria?
B : Willy is _____ _____ Victoria.

17 다음 물음에 가장 알맞은 대답은?

Can you play the piano?

① Yes, I do.   ② Yes, I can.
③ No, you must not.   ④ No, they can't.
⑤ No, we aren't.

[18~20] 다음 빈칸에 알맞은 말을 〈보기〉에서 골라 쓰시오.

┌─○보기○─────────────────────────┐
│   and   but   so   after   when │
└──────────────────────────────┘

18 You can go out _____ you wash the dishes.

19 She is honest, _____ isn't wise.

20 Tom _____ Ann always study together.

[21~22] 다음 글을 읽고, 물음에 답하시오.

Dear James,
How are you doing? I'm fine.
Yesterday ①was a terrible day. We ②lost the soccer game. We ③tryed hard and ④did our best. But we didn't ⑤win. My dad said, "Cheer up! _____ is not everything." How is your school? Please write back soon.
Ron

21 위 글의 밑줄 친 ①~⑤중 어색한 것을 고르시오.

22 위 글의 빈칸에 들어갈 말로 가장 알맞은 것은?

① Win
② Won
③ Wining
④ Winning
⑤ To wining

[23~25] 다음 글을 읽고, 물음에 답하시오.

 While listening _____ the election results, Kennedy spoke on the phone with his *running mate, Lyndon Johnson. Later Kennedy reported that Johnson had told him, "ⓐYou're losing Ohio, but ⓑwe're doing fine in Pennsylvania."

*running mate : (선거에서) 부통령 후보자

23 위 글의 빈칸에 알맞은 전치사를 쓰시오.

24 위 글의 밑줄 친 ⓐYou와 ⓑwe는 각각 누구를 가리키는지 쓰시오.

25 위 글의 Lyndon Johnson이 말한 것과 가장 관련이 깊은 말은?

① 잘되면 내 탓, 못되면 조상 탓.
② 아니 땐 굴뚝에 연기 나랴.
③ 쥐구멍에도 볕들 날 있다.
④ 좋은 일이 있으면 궂은 일도 있다.
⑤ 끝이 좋아야 모든 것이 좋다.

[1~3] 다음 빈칸에 가장 알맞은 말을 고르시오.

1
> You and he _____ like spicy food.

① are
② don't
③ aren't
④ isn't
⑤ doesn't

2
> A : _____ is Jane going now?
> B : She is going to church.

① When
② Why
③ Where
④ How
⑤ What

3
> Nick was surprised _____ it.

① know
② to know
③ to knowing
④ knew
⑤ knowing

[4~5] 다음 빈칸에 들어갈 수 없는 것을 고르시오.

4
> He looks _____.

① angry
② rich
③ young
④ sick
⑤ happily

5
> He will wait for you at the library _____.

① last night
② tonight
③ tomorrow morning
④ this evening
⑤ the day after tomorrow

6
다음 빈칸에 공통으로 들어갈 watch의 알맞은 형태를 넣으시오.

> I don't like _____ TV.
> Bill enjoys _____ the movies.

7
다음 〈보기〉의 밑줄 친 that과 쓰임이 같은 것은?

─〈보기〉─
> Who is that girl?

① That is not a book.
② Is that your sister?
③ What is that?
④ That isn't a doctor.
⑤ That boy is a student.

[8~9] 다음 대화를 읽고, 물음에 답하시오.

> A : Hi, Min-su. Happy birthday!
> B : Hi, Jenny. Thank you for (A) come. Can I take your coat?
> A : Thanks. Wow! (B) 정말 대단한 파티구나!

8 (A)를 알맞은 형태로 고쳐 쓰시오.

9 (B)를 영어로 옮길 때 알맞은 말을 쓰시오.

_____ a wonderful party!

10 다음 대화의 빈칸에 들어갈 말이 바르게 짝지어진 것은?

A : _____ you at home this afternoon?
B : Yes, we were. We were _____ in the kitchen.

① Are – cook
② Was – to cook
③ Were – cooking
④ Did – cooking
⑤ Were – cook

[11~12] 밑줄 친 부분의 쓰임이 나머지와 <u>다른</u> 하나를 고르시오.

11 ① Tom's brother is a cook.
② She's not from England.
③ They're good friends.
④ We're middle school students.
⑤ Jane's a kind girl.

12 ① My hobby is <u>cooking</u>.
② My father is <u>washing</u> his car.
③ <u>Playing</u> table tennis is fun.
④ My wish is <u>winning</u> the game.
⑤ Did you finish <u>doing</u> your homework?

13 다음 중 어법상 올바른 문장은?

① He have a cat.
② Does she know your father?
③ She doesn't has a brother.
④ Mr. Smith have some notebooks.
⑤ Mr. Kim teach them.

14 다음 주어진 문장의 밑줄 친 부분의 쓰임과 같은 것은?

It <u>may</u> be very challenging and exciting.

① <u>May</u> I help you?
② My name is <u>May</u>.
③ It <u>may</u> rain soon.
④ <u>May</u> I use your pencil?
⑤ You <u>may</u> go there at once.

15 다음 빈칸에 공통으로 들어갈 알맞은 접속사를 쓰시오.

They didn't go outside _____ it rained.
I was late for school _____ I missed the bus.

16 다음 빈칸에 알맞은 전치사를 각각 쓰시오.

(1) Do you get up _____ 6 o'clock?
(2) I go to church _____ Sunday.

[17~20] 다음 〈보기〉에서 알맞은 단어를 골라 빈칸을 채우시오.

┌─〇보기〇───────────────────────
│ different   interesting   busy   favorite
└────────────────────────────────

17 He does a lot of work.
He is always _____.

18 Apples are my _____ fruit.

19 Korean is _____ from Japanese.

20 Animals are very _____.
I like reading about them.

[21~22] 다음 글을 읽고, 물음에 답하시오.

┌────────────────────────────────┐
│ Bob is my brother. He does not like to give │
│ things to others. When he gets some food, he │
│ puts it in his own place and he (A)let others │
│ know the place. Then he eats it all by himself. │
└────────────────────────────────┘

21 위 글에 (A)를 문맥상 알맞은 형태로 고쳐 쓰시오.

22 위 글을 통해 알 수 있는 Bob의 성격은?

① 짓궂다
② 게으르다
③ 재치 있다
④ 내성적이다
⑤ 욕심이 많다

[23~25] 다음 글을 읽고, 물음에 답하시오.

┌────────────────────────────────┐
│ My brother has a computer. I have a computer, │
│ too. But (A) 나의 것은 낡고 더럽다. So I asked my │
│ parents to buy new (B) one. My parents said │
│ that I had (C) wait until next year. However, I │
│ don't want to wait until then! │
└────────────────────────────────┘

23 위 글의 밑줄 친 (A)를 영어로 쓰시오.

24 위 글의 밑줄 친 (B)가 뜻하는 것을 한 단어의 영어로 쓰시오

25 위 글의 밑줄 친 (C)를 어법에 맞게 고쳐 쓰시오.

[1~3] 다음 빈칸에 가장 알맞은 말을 고르시오.

1

Bill _____ a lot of mistakes yesterday.

① make ② made
③ to make ④ makes
⑤ making

2

Julia can play the piano, _____?

① can't she ② isn't she
③ shouldn't she ④ doesn't she
⑤ won't she

3

My father _____ work late on Fridays.

① isn't ② wasn't
③ doesn't ④ don't
⑤ didn't

4 다음 빈칸에 공통으로 들어갈 말을 고르시오.

A : Is _____ a bank near here?
B : Yes, _____ is one behind the
supermarket.

① this ② that
③ it ④ there
⑤ these

[5~7] 다음 대화를 읽고, 물음에 답하시오.

Tom: What ⓐ(weekends, do, on, you, do)?
Ted: I play soccer ⓑ_____ my friends. What
about you?
Tom: I make model cars ⓒ_____ my brother.
Ted: Does your sister make ⓓthem, too?
Tom: No, she doesn't. She plays the violin.

5 위 대화의 ⓐ를 문맥에 맞게 배열하시오.

6 위 대화의 빈 칸 ⓑ, ⓒ에 공통으로 알맞은 것은?

① to ② for
③ with ④ at
⑤ of

7 위 대화에서 밑줄 친 ⓓ가 가리키는 것을 찾아 영어
로 쓰시오.

8 다음 중 어법상 바르지 **못한** 문장은?

① My cell phone looks better than yours.
② Who is the strongest man in the world?
③ Your room is cleaner than his.
④ The pink shirt looks nice than the blue
one.
⑤ John runs as fast as Harry.

9 다음 우리말을 영어로 바르게 옮긴 것은?

내일 교회에 갈 거니?

① Will you going to church tomorrow?
② Were you going to church tomorrow?
③ Will you go to church tomorrow?
④ Do you going to church tomorrow?
⑤ Did you go to church tomorrow?

10 다음 밑줄 친 부분과 바꿔 쓸 수 있는 것은?

People <u>have to</u> obey the safety rules.

① may ② shall
③ are able to ④ can
⑤ should

[11~12] 다음 빈칸에 알맞지 <u>않은</u> 말을 고르시오.

11

He _____ goes to the library after school.

① very   ② always
③ sometimes   ④ often
⑤ usually

12

We _____ to play tennis yesterday.

① liked   ② decided
③ began   ④ enjoyed
⑤ started

13 다음 중 밑줄 친 부분의 쓰임이 <u>다른</u> 하나는?

① I have something <u>to tell</u> you.
② It's always hard <u>to get</u> up early.
③ My hobby is <u>to play</u> video games.
④ <u>To sell</u> 10 CDs in a day is my goal.
⑤ Tom wants <u>to come</u> back to Korea next year.

14 다음 대화의 빈칸 (A)와 (B)에 들어갈 말이 바르게 짝지어진 것은?

A : Can I help you?
B : Yes, I want some pencils. __(A)__ is this pencil?
A : It's three hundred won. __(B)__ pencils do you want?
B : Five. Here is two thousand won.
A : Thank you. Here is the change.

    (A)   (B)
① How many ········ How long
② How many ········ How much
③ How much ········ How many
④ How much ········ How long
⑤ How long ········ How many

[15~17] 다음 우리말과 뜻이 같도록 빈칸에 주어진 말을 바르게 배열하시오.

15

정말 세상 좁구나!
→ What _____!
(small, world, a, is, it)

16

그는 학교에 버스로 갑니까, 걸어서 갑니까?
→ Does he _____?
(by, foot, on, or, bus, school, to, go)

17

두 마리의 새가 하늘에서 지저귀고 있다.
→ Two birds _____.
(in, are, the, singing, sky)

18 다음 빈칸 (A), (B)에 들어갈 대명사를 차례대로 대·소문자에 주의해서 적으시오. (A-3의 철자, B-2개의 철자)

A : Excuse me. Is there a post office near here?
B : Yes. There is __(A)__ on First Street.
    __(B)__ is next to the supermarket.

19 다음 빈칸에 공통으로 들어갈 알맞은 단어를 쓰시오.

He wants _____ be a doctor.
We're going _____ see her again.

20 다음 중 빈칸에 들어갈 말이 나머지와 다른 하나는?

① I have _____ piano.
② This is _____ cup.
③ I have _____ dog.
④ Jane likes to play _____ violin.
⑤ There is _____ teacher in the classroom.

[21~22] 다음 글을 읽고, 물음에 답하시오.

Dear Min-su,
What will you do   (A)   Sunday? I'll go shopping. Would you like to come with me? I'm thinking of getting a new bike. I want to see you at your place   (B)   11 o'clock.
Good-bye.
Cody

21 위 글의 밑줄 친 (A)와 (B)에 알맞은 전치사를 각각 쓰시오.

(A): _____
(B): _____

22 위 글에서 Cody에 대한 설명이 본문의 내용과 다른 것은?

① 일요일에 쇼핑할 것이다.
② 새 자전거를 살 것이다.
③ Min-su의 집에 갈 것이다.
④ Min-su와 11시에 만나길 원한다.
⑤ 혼자 쇼핑하는 것을 좋아한다.

[23~25] 다음 글을 읽고, 물음에 답하시오.

Dear Ann,
I'm in love with my best friend's boyfriend. ① His name is Peter. I ② think always about him. When I see Peter and my best friend together, they look so ③ happy. But I am very jealous of them.   (A)   should I do? Should I tell my best friend? Should I tell Peter I love him? I don't want ④ to lose my best friend. Please ⑤ help me.
Jessica

23 위 글에서 Jessica가 Ann에게 편지를 쓴 목적으로 가장 알맞은 것은?

① 사과하려고   ② 상담하려고
③ 감사하려고   ④ 칭찬하려고
⑤ 비난하려고

24 위 글의 밑줄 친 ①~⑤ 중에서 어법상 올바르지 못한 것은?

25 위 글의 밑줄 친 (A)에 들어갈 가장 적절한 말을 쓰시오.

Words Pre-Test Answers

Chapter 1

정직한
친절한
빠른
늦은
비싼
사전
배고픈
시험
영리한, 똑똑한
깨다, 부수다
운동, 연습
도움이 되는, 유익한
부지런한, 근면한
마지막의, 지난
주말
사무실
고요한, 평온한
용감한
맛있는
흥분시키는, 자극적인
현명한, 슬기로운
부재의, 결석한

Chapter 2

예외, 제외
빌려주다, 대여하다
찢다
(해, 달이)지다, 저물다
조수, 조류
(돈, 시간)쓰다, 소비하다
지니고 다니다, 운반하다
발견하다
배우다
산책하다
혁명
무거운
비밀
참석하다
방학
훌륭한, 멋진
강의
불경기, 불황
정책
결정하다
우주비행사
유명한

Chapter 3

국외로, 해외로
반가운
떠나다
(전원을) 켜다
면허, 허가증
~이 없이
외국의
웃다
잠깐 들르다
되돌아가다, 돌아가다
실패하다, 낙제하다
(전원을) 끄다
건강
축제
오르다
성공하다
~이 되다
대장, 장군
모으다, 모이다
매우 좋아하는
실수
이해하다

Chapter 4

역, 정거장
빌리다
보유하다, 지키다
(손에)들다, 잡다
기억하다
찾다
교통
가져오다
연습하다
야채
약속, 약속하다
인기 있는, 대중적인
타다
도착하다, 도달하다
일치, 동의, 협약
주의, 주목
큰소리로, 소란스럽게
진실
저녁 식사, 만찬
충고, 조언
주소
정보

Chapter 5

흥미 있는, 재미있는
휴식; 쉬다
약
수업, 교훈
짓다, 건설하다
아침 식사
마술사, 요술쟁이
조끼
경쟁
껍질을 벗기다
해변
고통을 겪다
회전하다, 공전하다
나뭇잎
기술자
관대한
즐거움, 오락
들판, 분야
언어
국가
절약하다, 아끼다
던지다

Chapter 6

씻다
초대하다
앵무새
차고
규정을 어기다, 속이다
~을 통하여
선반
결백한, 순진한
(옷 등이)꼭 끼는
익은
최근에
잘못
재능, 소질
여행가방
공공의, 공중의
한밤중, 자정
필요한
달콤한, 단
두꺼운
즐기다
참여하다
맛보다

Chapter 7

창조적인
발명
완전한
책임이 있는, 신뢰할 수 있는
경험, 체험
출석한, 참석한
애완동물
가격, 값
담요, 덮개
거대한
도마뱀
섬
유용한, 쓸모 있는
영리한, 현명한
다행히도
상태, 건강상태
기대하다, 예상하다
~를 풀다, 해결하다
허드렛일, 잡일
사회적인, 친목의
깨닫다, 이해하다
무서운, 가혹한

Chapter 8

도착하다
파도타기를 하다
다리, 교량
카페테리아, 구내식당
두려워하는, 불안한
이동 전화
여행하다
가까이, 근접하여
꽃병, 항아리
들다, 들어올리다
수족관
손을 흔들다, 파도치다
조심스러운, 신중한
묶다, 고정시키다
안전벨트, 좌석벨트
졸업하다
완전한; 완료하다
외치다, 큰소리로 부르다
고르다, 선택하다
(건강, 의식 등을)회복하다
귀먹은
서두르다

수준별 맞춤

Vocabulary 시리즈

The Voca
Level 1~7

This Is Vocabulary

초급, 중급, 고급, 어원편

Grammar 시리즈

Grammar
공감
Level 1~3

After School Grammar
Level 1~3

Grammar Bridge
Level 1~3

중학영문법 뽀개기
Level 1~3

The Grammar
with Workbook
starter
Level 1~2

OK Grammar
Level 1~4

The Grammar
Starter
Level 1~3

This Is Grammar

초급 1·2
중급 1·2
고급 1·2

상위 5%를 위한

중학 영문법

뽀개기

정답 및 해설

1 LEVEL

김대영, 박수진 지음

중등교과서 완전 분석·정리
중간·기말 고사 완벽 대비 문제
독해와 회화로 이어지는 통합형 문법학습

Grammar

NEXUS Edu

중학 영문법

뽀개기

정답 및 해설

1
LEVEL

김대영, 박수진 지음

Grammar

NEXUS Edu

:: 권두부록

A

 Check-up

1 am	2 is	3 are	4 is
5 was	6 was	7 were	8 is

◎ 어휘

middle school 중학교 **smart** 똑똑한, 영리한
living room 거실 **classmate** 반 친구, 급우
elementary school 초등학교

B

Check-up

1 ③	2 ②	3 ⑤
4 ④	5 ①	6 ⑤

◎ 어휘

doctor 의사 **last** 지난
month 달, 월 **yesterday** 어제
road 길, 도로 **doll** 인형

C

Check-up

1 I'm	2 She's	3 They're
4 We're	5 It's	

◎ 어휘

teacher 선생님 **honest** 정직한
husband 남편 **wife** 부인

D

Check-up

1 fixes	2 eat	3 read
4 goes	5 studies	6 enjoys

◎ 어휘

fix 고치다 **Chinese** 중국의, 중국어
by bike 자전거로 **comic book** 만화책

E

Check-up

1 took	2 had	3 bought
4 planned	5 ate	6 made

◎ 어휘

take a bus 버스를 타다 **abroad** 해외에

F

Check-up

1 ①	2 ②	3 ③
4 ①	5 ②	6 ④

◎ 어휘

famous 유명한 **musician** 음악가
worry 걱정하다

G

Check-up

1 plays	2 get	3 had
4 went	5 lived	6 caught
7 closes		

◎ 어휘

store 가게, 상점 **movie** 영화
weekend 주말

Chapter I 다양한 문장의 종류 살펴보기

Unit 01

p.20

A

Check-up

1 is not	2 are not	3 does not
4 live	5 does not	6 was not
7 aren't	8 don't	9 didn't
10 I'm not		

⇨ 문제해결

1, 2, 6 be동사의 부정문은 be동사 뒤에 not을 놓는다.

3, 5, 8, 9 일반동사의 부정문은 동사 앞에 현재형은 do not(=don't), 3인칭 단수일 때는 does not(=doesn't), 과거형은 인칭과 수에 관계없이 did not(=didn't)을 붙인다.

4 일반동사를 부정문으로 만들 때 do동사 뒤에는 동사원형이 온다.

7, 10 be동사의 부정문은 be동사 뒤에 not을 놓고, 줄임말의 형태로 표현할 수 있다. are not은 aren't로, is not은 isn't로 나타내지만, am not은 줄일 수가 없고, 대신 'm not으로는 가능하다.

◎ 어휘

son 아들 **walk** 걷다

England 영국
expensive 값비싼
dictionary 사전
be good at ~을 잘하다

drive ~를 운전하다
France 프랑스
suit 정장

Unit 02 p.21

A

Check-up

1 Are you a singer?
2 Were they police officers?
3 Does your father wear glasses?
4 Did she come back home yesterday?
5 Was he really angry?

⇨ 문제해결

1, 2, 5 be동사가 포함된 문장의 의문문은 'be동사+주어 ~?'의 형태로 바꾼다.

3, 4 일반동사가 포함된 문장을 의문문으로 나타낼 경우에는 'Do/Does/Did+주어+동사원형 ~?'을 쓴다.

◎ 어휘

singer 가수
glasses 안경

police officer 경찰관
angry 화난

B

Check-up

1 Do　　2 Does　　3 Did
4 live

⇨ 문제해결

1 주어가 you이므로 일반동사의 의문문은 Do가 알맞다.
2 주어가 3인칭 단수이므로 Does가 알맞다.
3 last night(어젯밤)가 명백한 과거를 나타내는 말이므로 Did가 정답이다.
4 일반동사의 의문문은 'Do/Does/Did+주어+동사원형 ~?'로 나타낸다. 따라서 live를 고른다.

◎ 어휘

have a good time 즐거운 시간을 보내다
last night 어젯밤

개념확인문제 p.22

1 ①　2 ④　3 ⑤　4 ④　5 ⑤　6 ②
7 (1) Mr. Kim was not(wasn't) a teacher. (2) Did he take an exam yesterday?　8 ②　9 You are not(aren't) a good brother!　10 (1) ⓒ (2) ⓑ (3) ⓓ (4) ⓔ (5) ⓐ

1 해석

그녀는 지금 공원에 있다.
그들은 캐나다 출신이다.
나는 거실에 있다.

⇨ 문제해결

(A)의 주어는 3인칭 단수 She, (B)의 주어는 3인칭 복수 They, (C)의 주어는 1인칭 단수이므로 차례로 is, are, am을 고른다.

◎ 어휘

park 공원
living room 거실
come from ~ 출신이다

2 해석

① 그는 의사이다.
② 한가하세요?
③ 우리는 슬프다.
④ Ann은 학생이니?
⑤ 그들은 정직하다.

⇨ 문제해결

④ Ann이 3인칭 단수이므로 Am을 Is로 써야 한다.

◎ 어휘

free 한가한
honest 정직한
sad 슬픈

3 해석

① 우리는 도서관에 있다.
② 너는 배가 많이 고프지 않구나.
③ 나는 디자이너이다.
④ 그녀는 한국 태생이 아니다.
⑤ 그는 훌륭한 가수가 아니다.

⇨ 문제해결

⑤ He is not을 줄임말로 표현할 경우에는 'He's not'이나 'He isn't'로 써야 한다.

◎ 어휘

library 도서관 **hungry** 배고픈
designer 디자이너 **singer** 가수

4-6

해석

4 나는 너의 영어 선생님이 너보다 인호를 더 많이 좋아한다고 생각하지 않아.

5 우리는 3년 전에 만나지 않았다.

6 당신의 아버지는 매일 TV를 시청하시나요?

⇨ **문제해결**

4 think는 일반동사이기 때문에 부정문을 만들 때 주어 다음에 do와 not을 쓰면 된다.(do not = don't)

5 과거를 나타내는 부사 ago가 있으므로 동사의 과거형을 사용해야 하며 일반동사의 과거 부정문을 만들 때에는 주어 다음에 did not을 쓴다.

6 일반동사가 포함된 문장의 의문문은 'Do/Does/Did+주어+동사원형 ~?'로 나타내고 your father가 3인칭 단수이고 시제가 현재이므로 Does가 적절하다.

◎ 어휘

more than ~ ~보다 더 많이
meet ~를 만나다 **ago** ~ 전에, ~ 이전에
watch ~를 보다, 시청하다

7

해석

(1) 김 씨는 선생님이었다.

(2) 그는 어제 시험을 치렀다.

⇨ **문제해결**

(1) be동사가 포함된 문장을 부정문으로 만들 때는 be동사 뒤에 not을 놓는다. 그러므로 was not이나 줄임말 형태인 wasn't로 표현해야 한다.

(2) 일반동사가 포함된 문장을 의문문으로 만들 때는 'Do/Does/Did+주어+동사원형 ~?'을 인칭과 시제에 맞게 사용하면 된다. took이 과거형이므로 의문문은 Did로 시작한다.

◎ 어휘

take an exam 시험을 치르다

8-9

해석

Tom : 얘가 내 여동생 Ann이야. 나이는 12살이야.
Ann : 아니야, 그렇지 않아. 나는 13살이야.
Tom : 아, 미안해, Ann.
Ann : 오빠는 좋은 오빠가 아니야!

⇨ **문제해결**

8 be동사가 포함된 문장의 대답은 be동사를 포함해야 한다. Yes로 대답할 경우에는 이어지는 부분이 긍정으로, No로 대답할 경우에는 이어지는 부분을 부정으로 한다.

9 be동사의 부정문은 be동사 뒤에 not을 놓으면 된다. 그러므로 You are not ~이므로, You aren't ~로 줄여서 나타낼 수도 있다.

10 해석

(1) 너는 초콜릿을 좋아하니?

(2) 그것은 매우 뜨거운가요?

(3) 그들은 정오에 점심을 먹었니?

(4) 인호와 Paul은 그 당시에 똑똑했니?

(5) 김대영은 야구를 아주 잘 하니?

⇨ **문제해결**

(1), (3), (5) Do(Does, Did)로 시작하는 의문문의 대답은 'Yes/No, 주어+do/does/did(not)'로 한다.

(2), (4) be동사로 시작하는 의문문의 대답은 'Yes/No, 주어+be(not)'동사로 한다.

◎ 어휘

chocolate 초콜릿 **lunch** 점심
noon 정오 **clever** 현명한, 영리한
baseball 야구

Unit 03 p.23

A
Check-up

1 Where does he play soccer?

2 Who broke the window?

3 What did she do after school?

⇨ **문제해결**

1 'on the playground'가 장소의 부사구이므로 장소를 묻는 의문사 where로 시작해야 하고, 동사가 일반동사인 plays이므로 '의문사+does+주어+동사원형 ~?'의 어순이 되어야 한다.

2 Tom이 문장 주어이자 사람이므로 who로 시작하여야 하고, 주어를 묻고 있기 때문에 의문사가 주어인 경우이다. 따라서 '의문사+동사~?'의 구문이 되어야 한다.

3 내용상 '무엇을'에 해당하는 의문사 what이 필요하다. 일반동사의 과거형이므로 '의문사+did+주어+동사원형~?' 구문이 되어야 한다.

◎ 어휘

soccer 축구 **playground** 운동장
break ～를 깨뜨리다 cf) break-broke-broken
homework 숙제

B ┌ Check-up ┐
1 Which(What) 2 What 3 When
4 How

⇒ 문제해결
1 문맥상 '어느 계절'의 의미가 되어야 하므로 의문형용사 Which나 What이 올 수 있다.
2 응답에 'take exercise(운동을 한다)'가 있으므로 What이 알맞다.
3 응답에 'on weekends(주말마다)'가 있으므로 의문사 When이 올바르다.
4 기간을 물을 때는 'How long ～'을 사용한다.

◎ 어휘
season 계절 **take exercise** 운동을 하다
on weekends 주말마다

Unit 04 p.24

A ┌ Check-up ┐
1 Isn't 2 Can't 3 Isn't
4 Didn't 5 Weren't

⇒ 문제해결
1～5 앞에 제시된 평서문의 동사를 부정형으로 바꿔 주어와 동사를 바꾸면 부정의문문이 된다.

B ┌ Check-up ┐
1 isn't it 2 did he 3 won't she
4 doesn't it 5 shall we

⇒ 문제해결
1～4 부가의문문의 형식은 긍정문에는 부정의 줄임말, 부정문에는 긍정을 사용하고, be동사나 조동사는 그대로 사용하고, 일반동사인 경우엔 do, does, did를 시제나 수에 맞춰 쓴다. 주어는 인칭대명사로 바꾸어야 한다.
5 Let's로 시작하는 문장은 'shall we?'의 형태로 부가의문문을 만든다.

◎ 어휘
outside 밖에, 외부에 **park** 공원

개념확인문제 p.25
1 ④ 2 ① 3 ④ 4 isn't it 5 You work at a hospital, don't you? 6 Don't you need a new CD? 7 This necklace isn't gold, is it?
8 (1) ④ (2) ③ (3) ① (4) ② 9 Yes(Yes, I do)
10 ①

1 **해석**
A : 이번 주말에 무슨 운동을 할 거니?
B : 축구.
A : 얼마 동안 할 거야?
B : 한 시간 동안.

⇒ 문제해결
(A)에는 내용상 '어떤, 무슨'이라는 뜻의 what이 알맞고 (B)의 질문에 대한 응답으로 보아 기간을 묻는 표현인 How long이 알맞다.

◎ 어휘
soccer 축구

2 **해석**
당신은 야구를 좋아하죠, 그렇지 않나요?
당신은 어제 그의 사무실을 방문하지 않았나요?
그는 그곳에 갈 수 없어요, 그렇죠?

⇒ 문제해결
(A) 주어가 you이고 동사가 like이므로 부가의문은 don't you이다. (B) 과거를 나타내는 부사 yesterday가 있으므로 과거형인 Did나 Didn't가 와야 한다. (C) 주어가 He이고 동사는 can't이므로 부가의문 can he가 알맞다.

◎ 어휘
office 사무실

3 **해석**
① 춥죠, 그렇지 않나요?
② Jim은 일하고 있죠, 그렇지 않나요?
③ 당신이 Jane이죠, 그렇지 않나요?
④ 당신은 샐러드를 싫어했죠, 그렇죠?
⑤ 그는 당신을 사랑해요, 그렇지 않나요?

⇒ 문제해결
부가의문문은 앞 문장이 긍정이면 부정, 부정이면 긍정으로 쓴다.

◎ 어휘
work 일하다

4 **해석**
A : 그것은 좋은 생각이죠, 그렇지 않나요?
B : 예, 그래요.

⇒ 문제해결
be동사의 현재이고 긍정이며 주어가 That이므로 부가의문문은 isn't it이 알맞다.

5-7

⇒ 문제해결
5 주어는 you이고 동사는 work이므로 부가의문문 don't you이다.
6 일반동사의 부정의문문은 'Don't/Doesn't/Didn't+주어~?'로 나타내는데 주어가 2인칭이고 시제가 현재형이기 때문에 Don't를 쓴다.
7 주어가 This necklace이고 동사가 isn't이므로 부가의문문은 is it이다.

◎ 어휘
hospital 병원   **new** 새로운
need 필요하다   **necklace** 목걸이
gold 금

8 **해석**
〈보기〉
① 그녀는 버스로 와.
② 그것은 2000원 입니다.
③ 왜냐하면 시험에서 안 좋은 점수를 받았어.
④ 그는 40세이셔.

(1) 네 아빠는 연세가 어떻게 되시니?
(2) 왜 그렇게 슬퍼하니?
(3) 그녀는 여기에 어떻게 오니?
(4) 이 펜 얼마에요?

⇒ 문제해결
(1) 'How old~?'는 나이를 묻는 표현이다.
(2) 'Why ~?'는 이유를 묻는 표현이다.
(3) 교통수단을 묻는 표현이다.
(4) 'How much ~?'는 가격을 묻는 표현이다.

◎ 어휘
by bus 버스로   **because** 왜냐하면
score 점수

9 **해석**
A : 카레라이스를 좋아하지 않니?
B : 아니, 좋아해. 아주 좋아해.

⇒ 문제해결
빈칸 뒤에 긍정의 내용이 오므로 Yes(Yes, I do)로 대답한다.

◎ 어휘
curry and rice 카레라이스

10 **해석**
① 우리는 즉시 출발할 수 있죠, 그렇지 않나요?
② 너는 서두르지 않았어, 그렇지?
③ 날씨가 좋지 않았죠, 그렇지 않나요?
④ 그녀는 아주 멋있어요, 그렇지 않나요?
⑤ 수영하러 가요, 어때요?

⇒ 문제해결
① 조동사 can이 있는 문장의 부가의문문은 can't로 고쳐야 한다.

◎ 어휘
start 출발하다   **hurry up** 서두르다
look ~처럼 보이다

Unit 05   p.26

A
┌─────────────────────────────────┐
│ **Check-up**   │
│ 1 Take   2 Wear   3 Don't run(Never run) │
│ 4 Be kind   5 Don't be late(Never be late) │
└─────────────────────────────────┘

⇒ 문제해결
1, 3, 5 긍정명령문은 주어 You를 생략하고 동사원형으로 시작한다. are의 동사원형은 be이다.
2, 4 부정명령문은 'Do not(Don't)+동사원형'로 표현하거나 'Never+동사원형'을 사용한다.

◎ 어휘
seat belt 좌석 벨트   **kind** 친절한

B

Check-up

1 Close you → Close
2 are → be
3 Not let's → Let's not
4 orders → order
5 Doesn't → Don't(Never)
6 Play don't → Don't play(Never play)

⇨ 문제해결

1, 2 긍정명령문은 주어 You를 생략하고 동사원형으로 시작한다. are의 동사원형은 be이다.

3 'Let's+동사원형'의 부정형은 'Let's+not+동사원형'으로 '~하지 말자'라는 뜻을 갖는다.

4 권유의 명령문 형태는 'Let's+동사원형'이다.

5, 6 부정명령문 형태는 'Do not(Don't)+동사원형'이나 'Never+동사원형'을 사용한다.

◎ 어휘

close 닫다
brave 용감한
rush 성급하게 하다
garden 정원
window 창문
anywhere 어디에서나
order 주문하다
knife 칼 (복수형: knives)

Unit 06 `p.27`

A

Check-up

1 What
2 How
3 What
4 How
5 How

⇨ 문제해결

1~5 감탄문의 어순은 'What+(a(n))+형용사+명사+(주어+동사)!'나 'How+형용사/부사+(주어+동사)!'이며, 때에 따라서 〈주어+동사〉는 생략하기도 한다.

◎ 어휘

fun 재미있는
delicious 맛있는

B

Check-up

1 What a great
2 How nice
3 What a good
4 What a diligent
5 How expensive
6 What big

⇨ 문제해결

1, 2, 3 빈칸 뒤에 명사가 있고 주어가 대명사이므로 what으로 시작하는 감탄문을 쓴다.

2, 5 빈칸 뒤에 명사가 없고 주어가 대명사이므로 How와 형용사를 쓴다.

6 뒤에 복수명사가 있다. 따라서 What으로 시작하는 감탄문을 쓰되 a/an은 쓰지 않는다.

◎ 어휘

photo 사진(=photograph)
expensive 비싼
diligent 근면한
cell phone 핸드폰

개념확인문제 `p.28`

1 ④　2 What a good　3 What a small　4 ⑤
5 ③　6 ①　7 Let's not go outside.
8 Don't(Never) be afraid of a spider.
9 Don't(Never) send the card today.
10 (1) is → be　　　(2) Doesn't → Don't
(3) rents → rent　(4) How → What
(5) Be → Do

1

해석

Tom, 너무 많이 _____ 하지 마라.

⇨ 문제해결

부정명령문의 형태는 'Don't+동사원형~'이다.

◎ 어휘

exercise 운동하다
drink 마시다
watch 보다, 시청하다
coke 콜라

2-3

해석

〈보기〉 이것은 아주 멋진 카메라이다.
　　　→ 이것은 정말 멋진 카메라구나!

2 그녀는 정말 훌륭한 학생이구나!

3 세상이 정말 좁구나!

⇨ 문제해결

2, 3 What으로 시작하는 감탄문의 어순은 'What+(a(n))+형용사+명사+(주어+동사)!'이다.

◎ 어휘

camera 카메라
world 세계, 세상

4 **해석**

① 조심해라.

② 수줍어하지 마라.

③ 그들에게 잘해라.

④ 홀에서는 조용히 해라.

⑤ 교실에서 뛰지 마라.

⇒ **문제해결**

⑤ run이 일반동사이므로 빈칸에는 Don't이 알맞다.

◎ **어휘**

careful 주의 깊은   **shy** 수줍어하는, 소심한
quiet 조용한

5-6 **해석**

5 이 사진들은 정말 멋지구나!
  그녀는 정말 현명하구나!

6 나를 혼자 있게 내버려 둬.
  여기에 당신의 차를 주차 하지 마시오.

⇒ **문제해결**

5 첫 번째 문장의 빈칸 뒤에 '형용사+명사'가 있으므로
  What를 쓴다. 두 번째 문장의 빈칸 뒤에 형용사만 있으므
  로 How를 쓴다.

6 명령문은 동사원형으로 시작되어야 하므로 Leave가 알
  맞고, 부정명령문은 'Don't+동사원형'으로 표현하거나
  'Never+동사원형'으로 표현한다.

◎ **어휘**

picture 사진   **wise** 현명한
leave 남겨두다, 내버려 두다, 떠나다
park 주차하다

7-9 **해석**

7 밖으로 나가자.

8 거미를 무서워해라.

9 오늘 그 카드 보내거라.

⇒ **문제해결**

7 'Let's+동사원형'의 부정형은 'Let's+not+동사원형'으로
  '~ 하지 말자'의 뜻이다.

8, 9 부정명령문은 '~하지 마라, ~하지 마시오'의 의미로
  조언, 경고, 금지등을 나타낸다. 형태는 'Do not(Don't)+
  동사원형' 또는 'Never+동사원형'이다.

◎ **어휘**

spider 거미   **picnic** 소풍

10 **해석**

(1) 용감해라.

(2) 빨간불일 때 길을 건너지 마라.

(3) DVD를 빌립시다.

(4) 참 큰 고양이구나!

(5) 걱정하지마.

⇒ **문제해결**

(1) 명령문의 어순은 '동사원형 ~'으로 표현한다. 따라서 is
  의 원형인 be를 써야 한다. 부탁이나 요청 등을 부드럽
  게 말할 때, 문장의 앞이나 뒤에 please를 붙인다.

(2), (5) 부정명령문은 'Do not'이나 'Don't'로 시작한다.
  따라서 Doesn't를 Don't로 고친다.

(3) 권유의 명령문 형태는 'Let's+동사원형'이다.

(4) 감탄문에 부정관사가 쓰일 때에는 What으로 시작한다.

◎ **어휘**

cross 건너다, 횡단하다   **rent** 빌리다

Review Test
p.29

1 ⑤	2 ①	3 ③	4 ⑤
5 ⑤	6 ②	7 ③	8 ③
9 ④	10 ⑤	11 ④	12 ②
13 ①	14 ④	15 **were you absent from school**	
	16 ③	17 ①	18 ③
19 ①, ⑤	20 ④		

1 **해석**

Tom과 George는 오랜 친구이다.

그녀는 음악가이다.

너는 작년에 고등학생이었다.

⇒ **문제해결**

(A)의 주어가 Tom and George(복수)이므로 are가 알맞고,
(B)의 주어가 She이므로 is가 어법상 적절하다. (C)의 주어
가 You로 문장에 last year라는 부사구가 있기 때문에 과거
시제라는 것을 알 수 있다. 따라서 were가 옳다.

2 **해석**

① 네 아빠는 의사니?

② Tony는 어제 아팠었니?

③ 새 모자 샀어?

④ 우리는 그때 거기에 없었다.

⑤ 그들은 집에 늦게 들어오지 않았다.

⇨ **문제해결**

내용상 '~이니?'이므로 Does를 Is로 바꿔야 한다.

◎ **어휘**

sick 아픈 　　　　　　**yesterday** 어제

3 **해석**

① A : 우표를 수집하시나요?

　 B : 예, 그렇습니다.

② A : Jane은 동물을 좋아하나요?

　 B : 아니요, 그렇지 않습니다.

③ A : 부모님이 서울에 사세요?

　 B : 예, 그래요.

④ A : 인호는 농구를 하나요?

　 B : 예, 그래요.

⑤ A : 그들이 파티에 갑니까?

　 B : 아니요, 그렇지 않아요.

⇨ **문제해결**

③ your parents가 3인칭 복수형이므로 의문을 만들 때 조동사 Do를 써야 하고 대답할 때도 do를 써야 한다.

◎ **어휘**

collect ~를 수집하다, 모으다　**stamp** 우표
parents 부모님　　　　　**basketball** 농구

4 **해석**

① 너는 용감하다.

② Janet과 나는 방에 있다.

③ 그것들은 사과이다.

④ 그녀와 그녀의 오빠는 훌륭한 피아니스트다.

⑤ 나는 대학생이다.

⇨ **문제해결**

①, ②, ③, ④에는 be동사 are ⑤에는 am를 써야 한다.

◎ **어휘**

brave 용감한　　　　　**pianist** 피아니스트
college 대학

5 **해석**

① 당신은 훌륭한 선생님이죠, 그렇지 않아요?

② Dave는 대구에 살죠, 그렇지 않아요?

③ 당신은 운전을 잘 할 수 없어요, 그렇죠?

④ 당신은 과일을 좋아하지 않죠, 그렇죠?

⑤ Susan은 교회까지 걸어가죠, 그렇지 않나요?

⇨ **문제해결**

⑤ 앞 문장의 주어는 Susan이므로 부가의문문에는 인칭대명사 she가 와야 하고, 동사가 3인칭 단수이고 일반동사가 쓰였으므로 부가의문문은 doesn't she가 알맞다.

◎ **어휘**

fruit 과일　　　　　　**church** 교회

6-8 **해석**

6 Tom : 호주 출신이세요?

　 Tyra : _____. 저는 미국 출신입니다.

7 Mike : Cathy, 너 이 책 좋아하지 않니?

　 Cathy : _____. Mike, 그거 어디서 샀어?

　 Mike : 내 동생이 줬어.

　 Cathy : 나도 살거야.

8 A : 도와 드릴까요?

　 B : 예, 저는 연필이 필요해요. 이 연필은 _____?

　 A : 이백 원입니다.

⇨ **문제해결**

6 호주 출신이냐는 질문에 미국 출신이라고 답했으므로 부정의 응답이 알맞다. 'Are you ~?'로 물었고 빈칸 뒤에 I'm으로 문장을 시작했으므로 부정의 대답은 'No, I'm not.'이다.

7 Cathy가 대화의 마지막에 '나도 살거야.'라고 했으므로 빈칸에는 책이 마음에 든다는 내용의 대답이 오는 것이 자연스럽다.

8 질문에 '이백 원입니다.'라고 답했으므로, 가격을 묻는 질문이 되어야 한다.

◎ **어휘**

be from ~ 출신이다　　**pencil** 연필
hundred 100(백)

9 **해석**

A : 오늘 기분이 어떠세요?

B : 좋습니다.

A : 직장에 어떻게 가십니까?

B : 버스를 타고 갑니다.

⇨ **문제해결**

첫 번째는 오늘 기분이 어떤지 안부를 묻는 말이고, 두 번째는 어떻게 출근하는지 교통수단을 묻는 말이 필요하므로 How가 알맞다.

◎ 어휘

feel 느끼다　　　　　　　　**by bus** 버스로

10-12

해석

10 겁내지 마라.

11 그는 정말 멋진 차를 가지고 있구나!

12 Romeo와 Juliet은 서로 사랑했죠, 그렇지 않나요?

⇒ **문제해결**

10 부정명령문 형태는 'Do not(Don't)+동사원형'이다.

11 빈칸 뒤에 '형용사+단수명사'가 있으므로 빈칸에는
'What+부정관사'가 와야 한다.

12 앞 문장의 주어가 Romeo and Juliet이므로 부가의문
문에는 인칭대명사 they가 와야 하고, 동사가 일반동사
과거형이므로 부가의문은 didn't they가 알맞다.

◎ 어휘

afraid 두려워하는

love 사랑하다　　　　　　**each other** 서로서로

13　**해석**

① 방에 상자가 하나 있다.

② Tom은 아름다운 정원을 가지고 있다.

③ 너는 어제 수업에 들어오지 않았다.

④ 지금 식당에 많은 사람들이 있다.

⑤ 그들은 어젯밤에 부모님을 위해 큰 TV를 샀다.

⇒ **문제해결**

① There 다음에는 '동사+주어' 어순이 되므로, 주어인
a box(3인칭 단수)와 일치하는 동사는 is이다.

◎ 어휘

garden 정원　　　　　　**people** 사람

restaurant 식당

buy 사다, 구입하다　cf) buy-bought-bought

parents 부모님

14　**해석**

얼마나 자주 피아노를 치세요?　.

⇒ **문제해결**

How often~?은 '얼마나 자주 ~?'라는 뜻으로 빈도를 묻는
말이다. 기간을 나타내는 질문의 대답인 two days는 올 수
없다.

◎ 어휘

sometimes 때때로　　　**twice** 두 번

15　⇒ **문제해결**

의문사로 시작하는 의문문의 일반적인 어순은
'의문사+be동사/조동사+주어 ~?'이다.

◎ 어휘

absent 결석한

16　⇒ **문제해결**

개수를 물을 때는 'How many+복수명사+do/does/did+
주어+동사원형 ~?'를 사용한다.

17　**해석**

윤호는 여동생 유나와 함께 들판에서 산책을 한다. 유나가 "새
로 돋아난 나뭇잎 냄새를 맡을 수 있어?"라고 말하자, 윤호가
"그래, 맡을 수 있어. 봄이 드디어 왔어."라고 말한다.

⇒ **문제해결**

밑줄 친 첫 부분에는 주어가 3인칭 단수 현재이므로 takes가
적절하고, 두 번째 밑줄에는 주어가 spring이므로 is가 올바
르다.

◎ 어휘

take a walk 산책하다　　**field** 들판

leave 나뭇잎　　　　　　**spring** 봄

finally 마침내, 드디어

18　**해석**

A : 저 남자는 누구니?

B : 그는 Brown 씨야.

A : 그의 직업은 뭐야?

B : 그는 선생님이야.

⇒ **문제해결**

내용상 '누구'라는 의문사 who가 필요하다.

19　**해석**

제 시간에 와라. = 늦지 마라.

⇒ **문제해결**

명령문의 부정형은 be동사 앞에 Don't를 놓는데, 부정어
Never가 오면 더 강한 의미를 갖는다.

◎ 어휘

on time 정각에　　　　　**late** 늦은

20　**해석**

① A : 어느 것을 더 좋아 하니?

　B : 고양이가 더 좋아.

② A : 언제 떠날 거니?

　B : 크리스마스에.

③ A : 왜 그의 선생님이 화가 났니?

　B : 그가 늦어서.

④ A : 얼만큼 있나요?

　B : 그 안에 카메라 5개가 있어.

⑤ A : 거기 있는 저 남자는 누구니?

　B : 나의 아버지야.

⇨ 문제해결

④ 개수를 묻는 표현은 'How many~?'이다. How much는 가격이나 양을 물을 때 쓰는 표현이다.

Reading
p.32

1 ①　　2 ③　　3 does it hurt　　4 ③

1 해석

어제 나의 친구들과 나는 공원에 갔다. 우리는 그곳에 많은 쓰레기가 있는 것을 보고는 놀랐다. 사람들은 공원을 깨끗이 하지 않았다. 그것은 수치였다.

⇨ 문제해결

내용상 쓰레기가 많은 걸로 봐서는 사람들이 공원을 깨끗이 하지 않았기 때문이므로 부정문이 되어야 한다. 그리고 keep은 일반동사이므로 do 혹은 did가 와야 하는데, 어제 일이기 때문에 과거인 did와 부정어 not을 써야 한다.(did not = didn't)

◎ 어휘

surprised 놀란　　　**a lot of** 많은

garbage 쓰레기　　　**clean** 깨끗한

shame 수치, 부끄러움

2 해석

너에게서 다시 소식을 듣게 되어 기뻐. 우리는 토요일에 수업이 없어. 그래서 나는 종종 엄마를 도와 드려. 지난주 토요일엔 우리는 정원에 꽃을 심었어.

⇨ 문제해결

여기서 have는 일반동사이므로, 부정문을 만들 때는 do동사 뒤에 not을 써야 한다. 토요일마다 수업이 없다는 의미이므로 계속 적용되는 의미이기 때문에 현재형인 do를 쓴다.(do not have = don't have)

◎ 어휘

glad 기쁜

hear from ～로부터 소식을 듣다

class 수업　　　　　**plant** 심다

flower 꽃

3 해석

한 남자가 진찰을 받으러 가서 "의사 선생님, 저에게 무엇이 잘못됐나요?"라고 말한다. 의사는 "어디가 아픈가요?"라고 말한다. 그 남자는 "보세요, 제가 다리를 만질 때, 다리가 아파요."라고 말한다.

⇨ 문제해결

의문사가 있는 의문문인 경우는 의문사를 먼저 쓰고 그 다음에 '조동사/동사+주어'순서가 되므로 Where does it hurt?라고 해야 한다.

◎ 어휘

wrong 잘못된　　　　**hurt** 아프다

touch 건들다　　　　**leg** 다리

see a doctor 진찰받다

4 해석

내 여동생은 날 화나게 해요! 그 애는 자기 옷을 안 입어요. 내 옷을 입는다구요! 난 동생에게 말하죠. "내 옷 입지 마. 네 옷을 입으란 말이야."라고요. 하지만 그 애는 이렇게 말해요. "난 내 옷이 싫어. 언니 옷이 좋아."라고요. 부모님께서는 뭐라고 하시냐고요? "같이 입어야지."라고 말씀하세요. 난 어떡해야 하죠?

⇨ 문제해결

(A) 주어가 3인칭 단수이므로 wears가 적절하고, (B) 문맥상 '무엇'에 해당하는 의문사 What을 고른다.

◎ 어휘

crazy 미친

wear (옷 · 모자 · 구두 등을) 입고(쓰고, 신고) 있다

clothes 옷, 의복

put on (옷, 모자 등을) 입다, 쓰다

share ～를 함께 쓰다, ～를 공유하다

Grammar in Conversation
p.33

1 ①　　2 Do you　　3 Do your best　　4 ④

1 해석

A : 너 그 책 다 읽었니?

B : 예, 다 읽었어요.

A : 그것은 무엇에 관한 것이니?

B : 멸종 위기에 처한 동물에 관한 것이예요.

A : 그것은 어땠니?

B : 정말 재미있어요.

⇒ 문제해결
Yes로 대답했으므로 긍정문이 와야 하고, 질문이 Did로 물었기 때문에 did로 대답해야 한다. 그리고 '너는'이라고 물었으므로, 대답은 '나는'이 되어야 한다.

◎ 어휘
finish 마치다   **what** 무엇
about ～에 관한   **animal** 동물

2 **해석**
A : 매주 너는 그곳에 가니?
B : 아니, 그렇지 않아. 나는 2주마다 그곳을 방문해.
A : 내가 너와 함께 가도 되겠니?
B : 물론이죠.

⇒ 문제해결
대답이 No, I don't.이므로 Do로 질문했고, you로 물은 것이므로 Do you가 가장 적절하다.

◎ 어휘
there 거기   **every week** 매주
visit 방문하다
every other week 격주마다(2주마다)
nice 좋은

3 **해석**
A : 나는 경기 준비를 위해 일찍 일어났어.
B : 기분이 어떠니?
A : 매우 떨려.
B : 최선을 다 하렴.

⇒ 문제해결
명령문의 형태는 '동사원형～'이다.

◎ 어휘
nervous 긴장한, 초조한
do one's best 최선을 다하다

4 **해석**
A : 그것은 참 아름다운 금관이구나! 이것은 누구의 왕관이니?
B : 몰라. 그것은 경주에 있는 무덤에서 나왔어. 그것은 1,500년 된 거야.
A : 와! 그것은 위대한 예술품이로구나.

⇒ 문제해결
단수명사가 있으므로 What a로 시작해야 한다.

◎ 어휘
crown 왕관   **tomb** 무덤
work 작품; 일(하다)

Chapter 2 문장의 핵 — 동사 개념잡기

Unit 07   p.36

A
Check-up
1 happily   2 good   3 sad
4 them   5 were

⇒ 문제해결
1 live는 완전자동사로 1형식 동사이다. 동사를 수식하는 부사가 필요하다.
2, 3 smell, look 뒤에는 보어로 형용가 온다.
4 visit는 완전타동사로 뒤에 목적어가 와야 하므로 they의 목적격 them이 알맞다.
5 'There 동사+주어'의 어순인데 주어가 복수인 apples이므로 동사는 were가 올바르다.

◎ 어휘
rose 장미   **smell** 냄새가 나다

B
Check-up
1 greatly → great
2 hungrily → hungry
3 diligent → diligently
4 entered into → entered

⇒ 문제해결
1, 2 sound, feel는 형용사를 보어로 취하는 불완전자동사이다.
3 work는 완전자동사로 부사의 수식을 받아야 한다. 내용상 '열심히'라는 부사가 필요하므로 diligently가 알맞다.
4 enter는 타동사이기 때문에 전치사 없이 바로 뒤에 목적어가 온다.

◎ 어휘
enter ～에 들어가다
diligently 열심히

Unit 08   p.37

A
Check-up
1 to   2 of   3 for   4 to

⇒ 문제해결

1, 2, 3, 4 4형식을 3형식으로 바꿀 때, 동사 lend와 pass는 전치사 to를, ask는 of를, buy는 for를 쓴다.

◎ 어휘

lend 빌려주다 　　　　　　**hat** 모자

salt 소금

B

Check-up

1 walk 　　　**2** sing 　　　**3** happy

⇒ 문제해결

1 '주어+help+목적어+(to) 동사원형'이므로 walk가 맞다.

2 지각동사 hear의 목적격보어로 동사원형이 온다.

3 동사 make는 목적격보어로 명사나 형용사 또는 동사를 취할 수 있다.

◎ 어휘

stick 지팡이 　　　　**grandchild** 손자, 손녀

🐝 개념확인문제　　　　　　　　　　p.38

1 tastes 　**2** turn 　**3** ⑤ 　**4** being → to be

5 ② 　　**6** let 　　**7** watching 　　**8** ③

9 ④ 　　**10** ②

1-2

해석

1 이 수프 맛있어. 그 안에 뭐가 들었어?

2 나뭇잎은 가을에 붉게 변한다.

⇒ 문제해결

1 불완전자동사 taste(~한 맛이 나다)가 알맞고 delicious(형용사)는 보어이다.

2 불완전자동사 turn(~로 변하다)이 문맥상 자연스럽다. 특히 색깔이 '~로 변하다'는 표현은 'turn+색깔의 형용사'를 사용한다.

◎ 어휘

delicious 맛있는 　　　　**fall** 가을

3 **해석**

나의 어머니는 나에게 노란 스커트를 만들어 주셨다.

⇒ 문제해결

〈보기〉의 문장이 4형식 문장이다. 4형식 문장은 간접목적어를

적절한 전치사와 결합시켜 3형식 문장으로 만들 수 있다. 이때 make는 전치사 for를 사용한다.

◎ 어휘

yellow 노란 　　　　　　**skirt** 치마

4 **해석**

엄마는 내가 작가가 되길 원하신다.

⇒ 문제해결

want는 목적격보어로 to+동사원형을 취하는 동사이다.

◎ 어휘

writer 작가

5 **해석**

그녀는 어머니에게 많은 꽃을 보냈다.

⇒ **문제해결**

② send는 3형식 문장에서 대상 앞에 전치사 to를 사용하는 동사이다.

6-7

해석

6 엄마는 내가 컴퓨터 게임을 하는 것을 허락하지 않으신다.

7 많은 사람들이 내가 카드놀이 하는 것을 지켜보고 있었다.

⇒ 문제해결

6 문맥상 '~허락하다'는 의미의 동사가 필요하다 let는 목적격보어로 원형부정사를 사용하는 동사이다.

7 문맥상 '~을 보다'는 지각 동사 watch가 알맞고, 목적격보어로 현재분사 playing가 왔다.

8 **해석**

① 아빠가 나에게 자전거를 사주셨다.

② 그 새는 아름답게 노래한다.

③ 그 소녀들은 슬퍼 보였다.

④ 그 토스트에서 지독한 냄새가 났다.

⑤ 그는 어제 그녀를 초대했다.

⇒ 문제해결

③ look은 보어가 필요한 불완전자동사로 보어 역할을 할 수 있는 형용사나 명사가 와야 한다. 따라서 sadly(부사)를 sad(형용사)로 고친다.

9 **해석**

나는 그에게 편지를 찢으라고 했다.

⇒ 문제해결

④ order는 목적격보어로 to+동사원형을 취하는 동사이다.

◎ 어휘

order 명령하다, 지시하다   **tear** 찢다
letter 편지

10 **해석**

Cindy는 남동생에게 그녀의 차를 깨끗이 하도록 시켰다.

⇒ 문제해결

clean이라는 동사원형을 목적격보어로 갖을 수 있는 동사는 make이고 나머지 동사는 모두 목적격보어로 to+동사원형을 취한다.

Unit 09   p.39

A ┃ Check-up

   1 freezes   2 is   3 take
   4 flows   5 arrives

⇒ 문제해결

1, 2, 4   일반적인 사실이나 불변의 진리를 나타낼 경우에는 현재시제를 쓴다.

3   일상적인 습관이나 반복적인 동작을 나타낼 경우에는 현재시제를 쓴다.

5   왕래·발착을 나타내는 동사 'come, go, start, leave, arrive 등'이 미래를 나타내는 부사(구)와 함께 쓰여 가까운 미래를 나타낼 때는 현재시제가 미래시제를 대신한다.

◎ 어휘

freeze 얼다   **degree** 도
earth 지구   **round** 둥근
flow 흐르다

B ┃ Check-up

   1 ③   2 ②   3 ①   4 ②
   5 ①   6 ④   7 ④

⇒ 문제해결

1   현재 순간의 실제 동작·상태·사실을 나타내고 있다.

2, 4   현재의 습관적 행위를 나타낸다.

3, 5   불변의 진리·사실을 나타낸다.

6, 7   왕래발착동사(sail, leave)와 미래부사(next Monday, in half an hour)가 함께 쓰여 미래시제를

나타내고 있다.

◎ 어휘

tide 조수 간만(밀물과 썰물) **sail** 항해하다
half an hour 30분
* Time and tide wait for no man.
(속담) 세월은 사람을 기다려 주지 않는다.

Unit 10   p.40

A ┃ Check-up

   1 ①   2 ②   3 ④   4 ③

⇒ 문제해결

1   과거의 일회적 행위를 나타내고 있다.

2   과거의 상태를 나타내고 있다.

3   역사적인 사실을 기록하고 있다.

4   과거의 관습을 표현하고 있다.

◎ 어휘

cinema film 영화   **housework** 집안일

B ┃ Check-up

   1 ended   2 were   3 was
   4 began   5 had

⇒ 문제해결

1, 4   역사적 사실은 과거시제로 나타낸다.

2, 3, 5   과거를 나타내는 부사(구) last night, yesterday, last Christmas가 있기 때문에 were, was, had를 고른다.

🐝 **개념확인문제**   p.41

   1 ①   2 ⑤   3 ③   4 ④   5 ③
   6 ③   7 gets   8 is   9 broke   10 ③

1-2

해석

1   나는 매일 오후 4시에 학교에서 집으로 온다.

2   나는 작년에 12살이었다.

⇨ **문제해결**

1　일상적인 습관이나 반복적인 동작을 나타낼 경우에는 현재시제를 쓴다.

2　명백한 과거를 나타내는 last year로 있으므로 과거시제를 고른다.

◎ **어휘**

p.m. 오후　　　　　　**every day** 매일
twelve 12　　　　　**last year** 작년

3-4

해석

3　그녀는 _____ 미국을 방문했다.

4　내 친구는 지난 일요일에 _____.

⇨ **문제해결**

3　동사의 시제가 과거 visited이므로, 미래를 나타내는 next Saturday(다음주 토요일)는 빈칸에 어울리지 않는다.

4　last Sunday(지난 일요일)가 명백한 과거를 나타내므로, 동사는 과거시제를 사용해야 한다. ④의 travels가 현재시제이므로 traveled로 고쳐야 한다.

◎ **어휘**

grass 잔디　　　　　**travel** 여행하다
church 교회

5

해석

A : 저녁 식사 후에 무엇을 했니?

B : 친구와 영화보러 갔어.

⇨ **문제해결**

저녁 식사 후에 무엇을 했는지 과거의 일을 물었으므로 과거로 대답한다.

◎ **어휘**

dinner 저녁

6

⇨ **문제해결**

습관은 현재시제로, 과거의 사실은 과거시제로 나타낸다.

◎ **어휘**

take a walk 산책하다

7-9

해석

7　그녀는 매일 아침 여섯 시에 일어난다.

8　Rick은 지금 집에 있다.

9　프랑스 혁명은 1789년에 일어났다.

⇨ **문제해결**

7, 8　현재의 상태, 습관, 사실, 진리를 나타낼 때 현재시제를 쓴다.

9　역사적 사실은 과거시제로 나타낸다.

◎ **어휘**

get up 일어나다
revolution 혁명
break out (전쟁, 화재 등이) 발생하다, 일어나다

10

해석

① 그녀는 어젯밤에 파티에 갔다.

② 나는 어제 꽃을 조금 샀다.

③ 그녀는 지난 금요일에 일찍 집을 떠났다.

④ 그는 매일 여자 친구에 대해 이야기한다.

⑤ 그는 주말마다 아이들에게 불어를 가르친다.

⇨ **문제해결**

③ 과거를 나타내는 부사구가 있으므로 과거형을 써야 한다. 그러므로 leaves를 left로 고쳐야 한다.

◎ **어휘**

flower 꽃　　　　　　**leave** 떠나다
girlfriend 여자 친구　　**French** 불어, 프랑스어

Unit 11

p.42

A

Check-up

1 keep　　2 will rain　　3 will have
4 going　　5 will be

⇨ **문제해결**

1　미래를 나타내는 조동사 will 다음에는 동사원형이 온다.

2, 3, 5　미래를 나타내는 부사(구)들과 같이 미래에 일어날 일을 나타내는 미래시제를 고른다.

4　be going to는 '~할 예정이다'라는 뜻으로 미래에 일어날 일을 나타내는 표현이다.

◎ **어휘**

keep one's promise 약속을 지키다
another 또 하나의

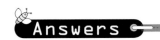

B Check-up

1 우린 곧 새 차를 살 거야.

2 방과 후에 쇼핑 갈거니?

3 Tom은 여기에서 막 출발하려고 한다.

4 Mary는 널 용서하지 않을 거야.

5 그의 온 가족이 그 결혼식에 참석할 것이다.

⇒ 문제해결

1 미래를 나타내는 부사 soon이 있어 미래에 일어날 일을 말하고 있음을 알 수 있다. be going to는 '~할 예정이다'라는 뜻으로 미래를 나타내는 표현이다.

2 미래시제를 나타내는 will의 의문문이다.

3 'be about to+동사원형'은 '막 ~하려고 하다'는 뜻으로 가까운 미래를 나타낸다.

4 will의 부정은 will not이고, 줄여서 won't로 쓴다. 이 문장에서는 주어인 Mary의 의지를 표현한다.

5 미래시제는 단순하고 막연한 미래의 예측을 나타낸다.

◎ 어휘

soon 곧　　　　　　**go shopping** 쇼핑가다
start 출발하다, 시작하다　　**forgive** 용서하다
family 가족　　　　　**attend** 참석하다, 출석하다
wedding 결혼식

Unit 12　　　　　　　　　　p.43

A Check-up

1 eating　　　2 beginning　　3 studying
4 dying　　　5 dancing　　　6 running
7 coming　　　8 stopping　　　9 sitting

⇒ 문제해결

1~9 〈동사원형-ing〉 만드는 법은 '대부분의 동사'는 '동사원형+ -ing', '-e로 끝나는 동사'는 'e를 빼고+ -ing', 〈단모음+단자음〉으로 끝나고 그 단모음에 강세가 있는 동사'는 '자음을 겹쳐 쓰고+ -ing', 〈단모음+단자음〉으로 끝나는 1음절 동사'는 '자음을 겹쳐 쓰고+ -ing'이다.

B Check-up

1 are　　　　　2 was　　　　3 has
4 doing　　　　5 is not listening

⇒ 문제해결

1, 5 특정 시점에서 진행 중인 동작을 표현하는 시제가 진행형이다. 주어와 시제에 따라 be동사가 결정된다.

2, 4 문장에 과거를 나타내는 부사구인 at that time과 then이 있다. 따라서 과거 어느 시점에서 진행 중인 동작을 나타내는 과거진행형 문장임을 알 수 있다.

3 소유를 나타내는 have는 진행형으로 쓸 수 없다.

◎ 어휘

clean 청소하다　　　　**at that time** 그 당시
listen to ~을 듣다

🐝 **개념확인문제**　　　　　　　　　　p.44

1 ④　　2 ⑤　　3 ③　　4 ③　　5 ①　　6 ④
7 ②　　8 ②　　9 He is not painting the house.
10 Will Jane wait for me in the library?

1-3

해석

1 우리는 내일 스파게티를 만들 것이다.

2 그녀는 여름 방학 계획을 세우고 있다.

3 그들은 그때 패스트푸드 식당에서 햄버거를 먹고 있었다.

⇒ 문제해결

1 tomorrow(내일)는 미래를 나타내는 부사이기 때문에 미래시제를 나타내는 will+동사원형을 고른다.

2 be동사 다음에 빈칸이 있는 것으로 보아 be+ing형인 현재진행형 문장임을 알 수 있다. 현재진행형을 만들 때, 〈단모음+단자음〉으로 끝나는 단어는 자음을 한 번 더 써 주고 –ing을 붙인다.

3 then으로 보아 과거시제이고, be동사가 있기 때문에 과거진행형 문장임을 알 수 있다.

◎ 어휘

spaghetti 스파게티　　**plan** 계획하다
summer 여름　　　　　**vacation** 방학, 휴가
restaurant 식당

4-5

⇒ 문제해결

4 '다음 달'이라고 미래 시점이 명시되어 있으므로 미래시제를 쓴다.

5 의문사가 없는 진행형 의문문은 〈be동사+주어+동사원형-ing?〉이다. 시제가 현재임에 주의한다.

◎ 어휘

buy 사다, 구입하다 **wonderful** 멋진, 훌륭한
magazine 잡지

6 해석

A : 사과 파이를 만드는 중이니?

B : _____. 나는 피자를 만들고 있는 중이야.

⇒ 문제해결

피자를 만들고 있다고 했으므로 부정의 답을 고른다. 현재진행 시제로 물으면 대답도 역시 현재진행시제로 해야 한다.

◎ 어휘

pie 파이 **pizza** 피자

7 해석

① 지금 어디 가세요?

② 나는 지금 강의를 듣고 있지 않다.

③ 그가 부엌에서 요리를 하고 있니?

④ 그녀는 내년에 학교에 갈 것이다.

⑤ Tom은 샌드위치를 만들 것이다.

⇒ 문제해결

② 진행형의 부정문은 〈be동사+not+동사원형-ing〉이다.

◎ 어휘

lecture 강의 **kitchen** 부엌
sandwich 샌드위치

8 해석

① 나는 손에 연필을 가지고 있다.

② 너는 무엇을 보고 있니?

③ 그는 그녀를 몹시 좋아하고 있다.

④ 너는 우유를 마시고 싶니?

⑤ 이 집은 그의 것이다.

⇒ 문제해결

소유나 상태(감정), 감각을 나타내는 동사는 진행형을 쓸 수 없다.

◎ 어휘

belong to ~의 것이다

9-10 해석

9 그는 집을 칠하고 있는 중이다.

10 Jane이 도서관에서 나를 기다릴 것이다.

⇒ 문제해결

9 진행형의 부정문은 〈be동사+not+동사원형-ing〉이다.

10 미래시제를 나타내는 will은 의문문을 만들 때 will을 문장 앞에 놓는다.

◎ 어휘

paint ~를 칠하다, 그림 그리다
wait for ~를 기다리다

Review Test p.45

1 ④	2 ③	3 ②	4 ①
5 ④	6 ②	7 ②	8 ①
9 ④	10 ⑤	11 ④	

12 1) I saw the plane land. 2) We felt the house shake. 3) He let a week go by. 13 ①

14 ①	15 ③	16 ②	17 ④
18 ②	19 ④	20 ①	

1-2 해석

1 그 소녀는 _____ 처럼 보인다.

2 Ann은 _____ 바이올린을 연주했다.

⇒ 문제해결

1 동사 look은 불완전자동사로 보어로 형용사가 온다. 의미는 '~처럼 보이다'이다. gently는 부사로 올 수 없다.

2 동사가 과거시제이므로 현재나 미래를 나타내는 부사(구)는 올 수 없다.

◎ 어휘

look ~처럼 보이다 **gently** 상냥하게
violin 바이올린

3-5 해석

3 그는 3시간 전에 집에 돌아왔다.

4 나는 엄마가 테이블을 치우는 것을 도와 드렸다.

5 엄마는 그 때에 케익을 굽고 계셨다.

⇒ 문제해결

3 3시간 전의 일이므로 과거시제를 써야 한다.

4 help는 사역동사로 목적격보어 자리에 원형부정사나 to+동사원형이 온다.

5 at that time은 '그 시간에, 그 때에'라는 뜻이므로 과거시제를 고르면 되는데 주어가 3인칭 단수이기 때문에 was baking을 고른다.

◎ 어휘

come back 돌아오다   **clean** ~을 깨끗하게 하다
bake (빵 등을) 굽다
at that time 그 시간에, 그 때에

6-7

해석

6 누가 조용히 움직이는 소리가 들린다.
   기러기들은 남쪽으로 이동한다.

7 지금 공원에 꽃이 많이 있다.
   많은 꽃이 지금 공원에 있다.

⇒ 문제해결

6 첫 번째 문장은 5형식 문장으로 동사가 지각동사 hear이
   므로 목적격보어로 동사원형을 쓴다. 두 번째 문장은 일반
   적인 사실로 항상 현재시제를 쓴다.

7 첫 번째 문장은 '~에 있다'는 표현으로 'There 동사+주어'
   형식이다. 두 번째 문장은 주어가 복수이고, 시제가 현재이
   므로 are가 올바르다.

◎ 어휘

somebody 누군가   **move** 움직이다
silently 조용하게   **south** 남쪽
a lot of 많은   **flower** 꽃
park 공원

8

해석

① 나는 그에게 편지를 쓸 것이다.
② 그는 나에게 사진을 보여 주었다.
③ 그는 그녀에게 꽃을 주었다.
④ 그녀는 나에게 질문을 했다.
⑤ 엄마는 나에게 도넛을 만들어 주셨다.

⇒ 문제해결

4형식 문장을 3형식으로 바꿀 때 전치사는 동사의 종류에 따
라 달라진다. ②는 to로 ③은 to로 ④은 of로 ⑤는 for로 고쳐
야 한다.

◎ 어휘

question 질문   **picture** 사진
doughnut 도넛

9-10

해석

9 ① 상자에 사과가 있습니까?
   ② 아버지는 평생 동안 가난하셨다.
   ③ 그는 San Francisco에 산다.
   ④ 그녀는 오늘 아침 Berlin에 도착했다.
   ⑤ Denny는 그 소녀에게 책을 한 권 주었다.

10 ① 나는 매일 아침 6시 30분에 일어난다.
   ② 비행기는 오늘 밤 9시에 Tokyo를 향해 떠난다.
   ③ 그녀는 다음 달에 출산할 것이다.
   ④ Tarzan은 그의 정글을 떠나려 하고 있다.
   ⑤ 경제 대공황은 1929년에 발생했다.

⇒ 문제해결

9 reach는 완전타동사로 전치사의 도움 없이 바로 목적어
   를 취하므로 in를 빼야 한다.

10 ⑤ 역사적 사실(대공황 – The Great Depression)은
   반드시 과거시제로 표현해야 하므로 happens를
   happened로 고쳐야 한다.

◎ 어휘

remain ~한 상태로 있다   **poor** 가난한
reach ~에 도착하다   **have a baby** 출산하다
be about to 동사원형 막 ~하려고 하다
jungle 정글
the Great Depression 대공황
happen 발생하다, 일어나다

11

해석

그 장교는 부하들에게 전진하라고 명령했다.
선생님은 우리에게 자신을 도와달라고 요청했다.

⇒ 문제해결

5형식 문장으로 동사가 order, ask이다. 따라서 목적격보어로
to+동사원형이 온다. 따라서 '주어+order/ask+목적어+to동
사원형'의 문장 형태를 취한다.

◎ 어휘

officer 장교, 공무원, 경찰   **soldier** 병사, 군인
forward 앞으로

12

⇒ 문제해결

5형식 문장으로 사역동사와 지각동사는 목적격보어로 원형부
정사가 온다. 따라서 '주어+사역(지각)동사+목적어+동사원형'
의 형식으로 나타내면 된다.

◎ 어휘

shake 흔들리다   **go by** 지나가다

13

해석

① 우리는 미술관에 가고 있는 중이야.
② 그는 몇 권의 책을 빌릴 것이다.
③ Jason과 나는 오늘밤에 떠날거야.

④ 나는 삼촌댁을 방문할거야.

⑤ 그들은 Mexico로 여행할 거야.

⇒ **문제해결**

①번을 제외한 나머지 be going to는 미래를 대신하는 표현이다. 뒤에 동사가 올 경우와 아닌 경우를 확인하면 쉽게 비교할 수 있다.

14 **해석**

Tina는 어제 그녀의 강아지를 목욕시켰다.

내일 그녀의 강아지를 목욕시킬 것이다.

⇒ **문제해결**

tomorrow라는 미래를 나타내는 부사가 있기 때문에 will give를 고른다.

15-16

⇒ **문제해결**

15 과거 한 시점 (at that time)에서 진행 중인 동작을 나타내고 있기 때문에 과거진행형을 고르면 된다. 과거진행형은 'was/were+동사원형-ing'의 형태이다. Jane은 3인칭 단수이므로 be동사는 was이다.

16 일반적 사실이나 속담, 격언은 현재시제로 나타낸다.

◎ **어휘**

play the piano 피아노를 연주하다

honesty 정직   **policy** 정책, 수단

17-18

해석

17 내 남동생은 나에게 그것을 보냈다.

18 Mary는 딸에게 멋진 차를 사 주었다.

⇒ **문제해결**

17 4형식 문장에서 간접목적어와 직접목적어 둘 다 대명사일 경우에는 전치사를 이용하여 3형식으로 써야 한다.

18 buy는 4형식 문장에서 3형식으로 고칠 때 전치사 for를 쓴다.

◎ **어휘**

daughter 딸

19-20

해석

19 나는 오늘 아침 일어나기가 싫었다.

비가 내리고 있어서 추웠다.

20 전화벨이 울렸을 때 나는 라디오 뉴스를 청취하고 있었다.

⇒ **문제해결**

19 this morning이 명백한 과거를 나타내므로 처음 빈칸에는 didn't want가 알맞고, 그 다음에는 내용상 과거진행형 was raining이 올바르다.

20 '전화가 울렸다'는 과거시제 rang로, 그 당시 라디오 뉴스를 청취하고 있었으므로 과거진행형 was listening이 알맞다.

◎ **어휘**

warm 따뜻한   **phone** 전화(기)

ring (전화 벨 등이) 울리다 cf) ring - rang - rung

Reading
p.48

1 ⑤   2 ①   3 ④

1 **해석**

그는 어두운 숲 속을 홀로 걷고 있었다. 눈이 내리고 있었다. 바람도 몹시 불고 있었다. 그는 아무것도 볼 수 없었다. 날이 점점 어두워졌기 때문에 그는 무서웠다.

⇒ **문제해결**

과거진행형 문장이므로 (A)와 (B)는 '동사원형+–ing'의 형태가 알맞다.

◎ **어휘**

forest 숲   **wind** 바람

blow (바람 등이) 불다   **anything** 어떤 것

2 **해석**

날씨는 더웠고 Alice는 졸립고 따분했다. 그녀는 데이지 목걸이를 만들 생각을 했다. 들판으로 나가야 겠다고 생각했다. 갑자기 그녀는 빨간 눈을 한 하얀 토끼가 바로 그녀의 곁을 뛰어 가는 것을 보았다. 혼자서 중얼거리는 토끼를 보며 그녀는 무언가 이상하다고 느꼈다.

⇒ **문제해결**

5형식 문장으로 동사가 지각동사이므로 목적격보어로 원형부정사를 써야 한다.

◎ **어휘**

think ∼를 생각하다 cf) think-thought-thought

strange 이상한

talk to oneself 혼잣말하다

3 **해석**

나는 모든 사람들이 Neil Armstrong를 알고 있다고 생각한다. 그는 인류 최초로 달에 간 사람이다. 그는 미국인 우주비행사였다. 1969년에 그는 Buzz Aldrin, Mike Collins와 함께 아폴로 11호 우주선을 타고 달로 날아갔다. 그들은 지구를 떠났다. 그들은 우주선에서 지구를 바라보았다. 정말로 아름다웠다. 1969년 7월 21일, 그들은 달에 착륙했다. Neil Armstrong은 달에 최초로 발을 디뎠다. 그는 세계적으로 유명한 사람이 되었다.

⇒ **문제해결**

인류 최초로 달에 첫 발을 디딘 Neil Armstrong에 관한 이야기이다. (A)와 (B)에는 명백한 과거를 나타내는 부사구가 있으므로 과거형 flew와 stood가 알맞다.

◎ **어휘**

astronaut 우주 비행사　　**spaceship** 우주선
land 착륙하다
world-famous 세계적으로 이름 높은

Grammar in Conversation　　p.49

1 ⑤　　　　　2 ④　　　　　3 ③

1 **해석**

Jenny : 인규야, 뭘 하고 있니?
In-gyu : 난 그림을 그리고 있어.
Jenny : 뭘 그리고 있니?
In-gyu : 난 개를 그리고 있어.
Jenny : 정말 귀엽다. 동물을 그리는 것은 어렵지, 그렇지 않니?
In-gyu : 아니야. 무척 쉬워. 너도 그릴 수 있어.

⇒ **문제해결**

인규는 동물을 그리는 것이 쉽다고 얘기하고 있다.

◎ **어휘**

draw (그림 등을) 그리다　　**picture** 그림
cute 귀여운　　　　　　　　**animal** 동물
difficult 어려운　　　　　　**hobby** 취미

2 **해석**

① A : 거기 눈 오니?
　 B : 아니, 흐리고 추워.
② A : 미나와 뭐 할거니?
　 B : 나는 그녀하고 영화를 볼거야.
③ A : Nick은 그 웹사이트에서 무엇을 샀니?

B : DVD를 몇 장 샀어.
④ A : 누가 이 스프를 만들었니? 정말 맛있어.
　 B : 내가 만들었어.
⑤ A : 그는 어디에 가고 있었니?
　 B : 해변에 가는 중이었어.

⇒ **문제해결**

④ 지각동사 taste는 보어로 부사가 아니라 형용사가 온다.

3 **해석**

A : 어제 이 시간에 뭐했니?
B : 세차했어.
A : 혼자서 세차했어?
B : 아니, 남동생이 도와줬어.
A : 남동생 지금 집에 있어?
B : 아니, 나갔어.

⇒ **문제해결**

A의 질문에 대답이 각각 과거진행형과 현재시제이다. 따라서 첫 번째 빈칸에는 were, 두 번째 빈칸에는 Is를 쓴다.

---

chapter 3 필요에 따라 동사에 가 씌우기

Unit 13　　p.52

A **Check-up**

1 play　　　　2 speak　　　3 to leave
4 to borrow　　5 to hear　　6 to be

⇒ **문제해결**

1~3　to부정사는 'to+동사원형'의 형태를 취한다.
4　밑줄 친 borrow는 동사 went를 수식하는 부사의 목적을 나타내는 to부정사가 알맞다.
5　happy를 수식하는 감정의 원인을 나타내는 to부정사가 알맞다.
6　결과를 나타내는 to부정사의 부사적 용법이 알맞다.

◎ **어휘**

soccer 축구　　　　　　　**borrow** 빌리다
grandmother 할머니

B

Check-up

1 명사적 역할   2 부사적 역할

3 형용사적 역할   4 부사적 역할

5 명사적 역할   6 부사적 역할

⇒ 문제해결

1 '책을 읽는 것'이라는 뜻으로 문장의 주어로 사용되었으므로 명사적 역할로 쓰였다.

2 '야구 경기를 보기 위해서'라는 뜻으로 목적을 나타내는 부사적 역할로 쓰였다.

3 '마실 것'이라는 뜻으로 명사 something을 수식하는 형용사 역할을 하고 있다.

4 '늦어서 미안하다'는 뜻으로 감정의 원인으로 사용된 부사적 역할이다.

5 '러시아를 방문하는 것'이라는 뜻으로 문장의 보어로 쓰였다. 따라서 명사적 역할로 쓰였다.

6 '그녀를 보게 되어서 놀랐다'는 감정의 원인을 나타내므로 부사적 역할로 쓰였다.

◎ 어휘

turn on (TV, 라디오, 불 등을) 켜다

late 늦은   **surprised** 놀란

Unit 14
p.53

A

Check-up

1 To make   2 to play   3 to stay

4 to say   5 To live

⇒ 문제해결

1 내용상 '돈을 버는 것'이라는 의미가 되어야 하고 문장의 주어가 되어야 하므로 To make가 적절하다.

2 내용상 '탁구를 어떻게 치는 지(탁구 치는 법)를 배웠다'라는 뜻이 되어야하므로 의문사+to부정사가 되어야 한다.

3 want은 to부정사를 목적어로 취하는 동사이고, 내용상 '머무르다'는 동사가 필요하므로 to stay가 정답이다.

4 It은 가주어이므로 진주어인 to부정사가 필요한데 내용상 to say가 와야 한다.

5 '내용상 공기 없이 사는 것'이라는 뜻이 되어야하고 이 문장의 주어가 되어야 하므로 To live가 적절하다.

◎ 어휘

make money 돈을 벌다   **ping-pong** 탁구

without ~이 없이   **impossible** 불가능한

B

Check-up

1 It   2 how to drive

3 to see   4 to live   5 is

⇒ 문제해결

1 진주어인 to부정사가 뒤에 있으므로 가주어 It이 필요하다.

2 내용상 '운전하는 법' 뜻의 '의문사(how)+to부정사'가 동사 know의 목적어로 사용되어야 한다.

3 hope는 to부정사를 목적어로 취하는 동사이다.

4 '외국에 사는 것은 재미있다'라는 의미로 가주어 It이 문장 앞에 있으므로 진주어 to부정사가 필요하다.

5 to부정사 주어는 언제나 3인칭 단수로 취급한다.

◎ 어휘

interesting 재미있는   **foreign** 외국의

remember 기억하다   **name** 이름

Unit 15
p.54

A

Check-up

1 to eat   2 talk with   3 to do

4 to get   5 to see

⇒ 문제해결

1 something, anything, nothing을 수식하는 형용사는 something cold와 같이 그 뒤에 위치하게 되는데 이를 다시 부정사가 수식하면 '~thing+형용사+to부정사'의 어순이 된다.

2 talk가 자동사이므로 전치사 with가 필요하다.

3 앞에 있는 명사 person을 수식하는 to부정사의 형용사적 용법이다.

4 '~하기 위해서'라는 부사적 용법으로 목적을 표시한다.

5 '~해서 놀랐다'는 뜻으로 감정의 원인을 나타내는 to부정사의 부사적 용법이다.

◎ 어휘

magazine 잡지   **bonus gift** 사은품

surprise (깜짝) 놀라게 하다

B

Check-up

1 ④   2 ③   3 ②

4 ⑥   5 ⑤   6 ①

⇨ 문제해결

1 내용상 '시험에 떨어져서 낙담했다'라는 뜻이 되어야 하므로 ④이 적절하다.

2, 5, 6 내용상 '~하기 위해'라는 뜻이며 to부정사의 부사적 용법을 나타내는 것을 고른다.

3, 4 앞에 있는 명사 pictures, water를 수식하는 to부정사의 형용사적 용법을 고른다.

◎ 어휘

disappointed 실망한, 낙담한
return 돌려주다, 되돌리다
fail 실패하다
turn off (TV, 라디오 등을) 끄다

🐝 개념확인문제   p.55

1 ⑤   2 ④   3 to   4 ⑤

5 ①   6 ③   7 to do

8 to see(to meet)   9 to move   10 It

---

1 **해석**

그는 강의를 위한 새로운 아이디어를 찾기 위해서 책을 읽었다.

⇨ 문제해결

'찾기 위해서'라는 뜻이 되려면 to find(to부정사의 부사적 용법의 목적)가 알맞다.

◎ 어휘

idea 생각   **class** 강의, 수업, 교실

2 **해석**

① 걷는 것은 건강에 좋다.

② 우리는 영화제에 가기로 결정했다.

③ 나는 가방을 어디에 놓아야 하는지 모르겠다.

④ 내 가방에 먹을 것이 있다.

⑤ 그 언덕은 오르기 힘들다.

⇨ 문제해결

④ something을 수식하는 to부정사의 형용사적 용법이다. to부정사는 to+동사원형이므로 to eat으로 고쳐야 한다.

◎ 어휘

health 건강   **decide** 결정하다, 결심하다
film festival 영화제   **hill** 언덕
climb 오르다

3 **해석**

그는 배우가 되고 싶어한다.

우리는 금강산을 보러 갈 예정이다.

⇨ 문제해결

wants의 목적어 역할을 할 수 있어야 하고, 내용상 '되다'는 의미가 되려면 to be가 알맞다. 'be going to+동사원형'은 '~할 예정이다'라는 미래시제를 나타내는 표현이다.

◎ 어휘

actor 배우

4 **해석**

〈보기〉 그는 프랑스어를 공부하기 위해 파리에 갔다.

① 내 희망은 영문법을 정복하는 것이다.

② 구입할 것이 있나요?

③ 나는 내가 성공하리라 기대한다.

④ 영어를 배우는 가장 좋은 방법은 무엇입니까?

⑤ 그녀는 첫 기차를 타기 위해 일찍 일어났다.

⇨ 문제해결

〈보기〉 부사적 용법(목적)

①은 명사적 용법(보어), ②는 형용사적 용법(명사 수식), ③은 명사적 용법(목적어), ④는 형용사적 용법(명사 수식), ⑤는 부사적 용법(목적)이다.

◎ 어휘

master 정복하다   **grammar** 문법
expect 기대하다, 고대하다 **succeed** 성공하다

5 **해석**

① 나의 야망은 최고 경영자가 되는 것이었다.

② 그것은 삼촌에게 말하는 방식이 아니다.(삼촌에게 그런 식으로 얘기하면 안된다.)

③ 나는 그에게 읽을 책 한 권을 주었다.

④ 나는 앉을 의자가 필요하다.

⑤ 그녀는 나를 돕겠다는 약속을 했다.

⇨ 문제해결

①을 제외한 문장들은 to부정사의 형용사적 용법으로 앞에 나온 명사를 수식하고 있다. ①은 보어로 사용된 명사적 용법이다.

◎ 어휘

ambition 야망
CEO 최고 경영자 (= Chief Executive Officer)
make a promise 약속하다

6

해석

A : 최선을 다했지만, 시험에 떨어졌어요.

B : 오, 그것 참 안됐네요. 힘내세요!

⇒ **문제해결**

to부정사의 부사적 용법 중 원인에 해당한다.

◎ **어휘**

do one's best 최선을 다하다
cheer up 힘내다

7-9

⇒ **문제해결**

7 things를 꾸며주는 to부정사의 형용사적 용법이다.

8 '~하게 되어 반갑습니다'라는 의미로 원인을 나타내는
to부정사의 부사적 용법이다.

9 동사 plan는 목적어로 to부정사를 취한다.

10

해석

영어를 배우는 것은 정말 재미있다.

⇒ **문제해결**

주어로 쓰인 to부정사 뒤에 따르는 말이 있을 경우 가주어 it
을 사용하는 것이 일반적이다.

Unit 16   p.56

A

Check-up

1 내리는 비
2 고장난 자동차
3 잠자고 있는 아기
4 낙엽
5 부상당한 남자

⇒ **문제해결**

1 현재분사 falling이 명사 rain을 앞에서 수식한다.

2 과거분사 broken-down가 앞에서 명사 car를 수식한다.

3 현재분사 sleeping이 명사 baby를 앞에서 수식한다.

4 과거분사 fallen이 명사 leaves를 앞에서 수식하고 fall
이 자동사이기 때문에 수동·완료의 의미를 갖는다.

5 과거분사 injured가 앞에서 명사 man을 수식한다.

◎ **어휘**

break down 고장나다   **cousin** 사촌
general 장군

B

Check-up

1 laughing   2 used   3 playing
4 made   5 working

⇒ **문제해결**

1 '웃고 있는' 의미로 뒤에 나오는 명사 baby를 수식해야 하
므로 laughing이 알맞다.

2 '중고의'라는 뜻으로 뒤에 나오는 명사 TV를 수식해야 하
므로 used가 올바르다. 뒤에 있는 명사와 수동의 관계에
있다.

3 '컴퓨터 게임을 하고 있는'의 뜻으로 앞의 명사 girl을 수
식해야 하므로 playing이 올바르다. 앞에 있는 명사와 능
동·진행의 관계에 있다.

4 '~에서 만들어진'의 뜻으로 앞의 명사 watch를 수식해야
하므로 made가 알맞다.

5 '일하고 있는'라는 뜻으로 앞에 나오는 명사 woman을
수식해야 하므로 working이 알맞다.

◎ **어휘**

laugh 웃다   **Switzerland** 스위스

Unit 17   p.57

A

Check-up

1 yawning   2 stolen   3 frightening
4 waiting   5 barking

⇒ **문제해결**

1 내용상 yawning이 man을 수식해야 하고, 능동의 의미가
되어야 하므로 현재분사 yawning이 알맞다.

2 지갑은 도난당한 대상이므로 과거분사 stolen이 정답이다.

3 '무서운 영화'라는 뜻이 되어야 하므로 능동의 현재분사가
와야 한다.

4 내용상 '우리가 기다린다'는 능동의 의미가 되어야 하므로
현재분사 waiting이 알맞다.

5 내용상 bark가 dog을 수식해야 하고 '짖고 있는' 능동의
의미이기 때문에 barking가 알맞다.

◎ **어휘**

yawn 하품하다
steal 훔치다   cf) steal - stole - stolen

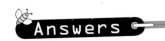

wallet 지갑   at last 마침내
frighten 겁먹게 하다   bark 짖다

B

Check-up

1 나는 Jane이 그녀의 방에서 울고 있는 것을 보았다.
2 우리는 그 소식에 실망했다.
3 그녀는 나에게 놀라운 결과를 보여 주었다.
4 나는 선진국에 살고 싶다.
5 나는 그가 Andrew라고 불리는 것을 들었다.

⇒ 문제해결

1 saw는 지각동사로 '지각동사+목적어+목적격보어'의 형태로 쓰며 목적어와 목적격 보어의 관계가 진행·능동이기 때문에 목적격보어로 현재분사를 사용하고 있다.
2 주어가 감정을 유발한 것이 아니라 느낀 것이다. 따라서 과거분사를 쓴다.
3 현재분사 surprising은 뒤에 나오는 명사 results를 수식하는 형용사이다.
4 developed country에서 과거분사 developed는 수동의 의미이므로 '개발된 나라'라는 뜻이다.
5 그(him)가 부르는 것이 아니라 수동의 의미로 '불리는 것'이므로 과거분사 called가 사용되었다.

◎ 어휘

result 결과   develop 발전시키다
call 부르다

개념확인문제   p.58

1 ②	2 ②	3 ④	4 ①
5 ④	6 singing	7 ①	8 ②
9 ④	10 ⑤		

1-3

해석

1 미소짓는 소녀를 봐!
2 공원에서 축구를 하는 어린이들은 누구니?
2 나는 어제 내 차를 점검 받았다.

⇒ 문제해결

1 내용상 '미소짓는 소녀'가 되어야 하므로 smiling을 고른다.
2 내용상 '축구를 하고 있는'이란 능동의 의미이므로 playing이 알맞다.

---

3 had는 사역동사이고 my car와 check의 관계가 수동이므로 과거분사 checked가 정답이다.

◎ 어휘

smile 미소짓다
child 어린이 cf) children 어린이들
check 점검하다, 확인하다

4-5

⇒ 문제해결

4 'be interested in'은 '~에 관심이 있다'는 뜻으로 주어가 감정을 느끼는 것이기 때문에 과거분사를 쓴다.
5 '주어+지각동사(saw)+목적어(a cat)+목적격보어(catching – 현재분사)'이다. 목적어와 목적격보어의 관계가 능동이고 진행의 의미가 포함되어 있으므로 현재분사 catching이 적절하다.

6

해석

나는 그 소녀를 사랑해. 그녀는 무대 위에서 노래를 부르고 있어.
= 나는 무대에서 노래를 부르고 있는 소녀를 사랑해.

⇒ 문제해결

the girl과 sing이 능동·진행에 관계에 있기 때문에 singing을 쓴다.

7

해석

① 그는 편지를 쓰면서 앉아 있었다.
② 나는 어제 머리를 잘랐다.
③ 떨어진 나뭇잎들을 보아라.
④ 자고 있는 저 소년을 아니?
⑤ Australia에서 사용되는 언어는 뭐니?

⇒ 문제해결

①의 과거분사 written은 주격보어로 사용되었으나, 내용상 능동의 의미가 되어야 하므로 현재분사 writing으로 고쳐야 한다. ②의 cut은 과거분사로 hair로 수동의 관계에 있다.

◎ 어휘

language 언어

8

해석

사람들이 줄을 서있다.
그들은 음악회를 기다리고 있다.

⇒ 문제해결

내용상 '음악회를 기다리고 있는 사람들은 줄을 서 있다.'가 되어야 하므로 ②를 고른다.

◎ 어휘

concert 음악회

9 **해석**

① 달리고 있는 저 개를 보아라!

② 소파에 앉아 있는 소녀가 내 여동생이다.

③ 나는 프랑스에서 만들어진(프랑스제) 펜을 가지고 있다.

④ 파란색으로 칠해진 울타리가 아름답다.

⑤ 체스는 흥미로운 게임이다.

➡ **문제해결**

④의 밑줄 친 부분은 내용상 fence를 수식해야 한다. 울타리와 칠하다 관계가 수동이 되어야 하기 때문에 painted로 고쳐야 한다.

◎ 어휘

fence 울타리 　　　　　　**paint** ~에 페인트를 칠하다

10 **해석**

① 그의 아버지는 초콜릿 케이크를 만들고 있다.

② 나는 고장 난 램프를 고쳤다.

③ 그는 내가 거리를 건너는 것을 보았다.

④ 나는 지루한 수업을 싫어한다.

⑤ 짖고 있는 개는 나의 개이다.

➡ **문제해결**

⑤ 밑줄 친 barked가 내용상 dog를 수식해야 하는데, 내용상 능동, 진행의 의미가 되어야 하므로 현재분사 barking으로 고쳐야 한다.

◎ 어휘

break 깨뜨리다 　cf) break - broke - broken

cross 건너다, 횡단하다

bore 지루하게 하다

Unit 18 p.59

A **Check-up**

1 Telling 　　2 writing 　　3 speaking

4 traveling 　　5 Seeing 　　6 inviting

➡ **문제해결**

1, 5 　주어로 쓰인 동명사가 필요하다.

2 　finish의 목적어 역할을 하는 동명사가 필요하다.

3, 6 　전치사 at, for의 목적어로 동명사가 알맞다.

4 　보어로 쓰인 동명사가 적절하다.

◎ 어휘

tell a lie 거짓말하다 　　**finish** 끝마치다

be good at ~을 잘하다 　　**dream** 꿈

travel ~를 여행하다 　　**invite** ~를 초대하다

B **Check-up**

1 춤추는 것은 내가 가장 좋아하는 활동이다.

2 그의 취미는 만화책을 읽는 것이다.

3 나는 실수를 하는 것이 두렵다.

4 할머니는 집에서 시간을 보내는 것을 좋아하신다.

5 일찍 잠자리에 드는 것은 좋은 습관이다.

➡ **문제해결**

1, 5 　주어로 사용된 동명사이므로 '춤을 추는 것', '일찍 잠자리에 드는 것'이라고 해석한다.

2 　보어로 사용된 동명사이다.

3 　전치사의 목적어로 사용된 동명사이다.

4 　목적어로 사용된 동명사이다.

◎ 어휘

favorite 제일 좋아하는 　　**activity** 활동

hobby 취미 　　**comic** 재미있는, 코믹한

make mistake 실수하다

Unit 19 p.60

A **Check-up**

1 수영하고 있는 남자를 보아라. – 현재분사

2 편지를 쓰는 것은 그의 취미이다. – 동명사

3 저쪽에서 놀고 있는 소년이 나의 아들이다. – 현재분사

4 그의 나쁜 습관은 수업시간에 잠을 자는 것이다.

　 – 동명사

5 나는 휴가 중에 침낭을 잃어버렸다. – 동명사

➡ **문제해결**

1 　'~하고 있는'으로 해석되며, 동작이나 상태를 나타내고 있으므로 현재분사이다.

2 　문장의 주어 역할을 하고 있으므로 동명사이다.

3 　뒤에서 앞에 나온 명사 The boy를 수식하는 현재분사이다.

4 　보어로 사용되어 '잠을 자는 것'이란 명사의 의미이므로 동명사이다.

Answers

5 a sleeping bag은 '침낭'이란 뜻으로 목적이나 용도를 나타내므로 동명사이다.

◎ 어휘

over there 저기에, 저쪽에 **vacation** 방학, 휴가

B

Check-up

| 1 cooking | 2 selling | 3 jogging |
| 4 playing | 5 collecting | |

⇒ 문제해결

1 내용상 '그는 지금 부엌에서 요리를 하고 있다.'가 되어야 하므로 진행의 의미가 되어야 한다. 현재분사 cooking이 알맞다.

2 '그의 직업은 차를 파는 것이다.'가 되어야 하므로 보어 역할을 하는 동명사 selling이 적절하다.

3 enjoy는 목적어로 동명사를 취한다. 따라서 jogging이 올바르다.

4 내용상 '배드민턴을 치는 소년들'이란 뜻이 되어야 하므로 밑줄 친 play는 앞에 있는 명사 The boys를 수식해야 한다. The boy와 play의 관계가 능동이기 때문에 현재분사 playing이 옳다.

5 전치사 in의 목적어 역할을 하는 동명사 collecting이 옳다.

◎ 어휘

kitchen 부엌

be interested in ～에 흥미가 있다

🐝 개념확인문제   p.61

| 1 ④ | 2 ③ | 3 ② | 4 ④ | 5 ⑤ |
| 6 동명사 | 7 현재분사 | 8 ① | 9 ⑤ | 10 ③ |

1-3

해석

1 휴식을 취하는 것은 중요하다.

2 그녀는 영어를 말하는 것에 능통하다

3 그는 시간이 날 때마다 인터넷 서핑하는 것을 좋아한다.

⇒ 문제해결

1 밑줄 친 부분에는 문장의 주어가 될 수 있는 것이 필요하므로, Taking(동명사)이 적절하다.

2 전치사 at의 목적어 역할을 할 수 있는 동명사 speaking이 올바르다.

3 enjoy는 목적어로 동명사를 취한다.

◎ 어휘

take a break 휴식을 취하다   **surf** 서핑을 하다

4

해석

① 영어를 공부하는 것은 재미있다.

② 보는 것이 믿는 것이다. (백문이 불여일견)

③ 공원에서 산책하는 것은 재미있다.

④ 웃고 있는 저 남자가 내 남자 친구이다.

⑤ 일찍 일어나는 것은 쉽지 않다.

⇒ 문제해결

④를 제외한 나머지 밑줄 친 부분은 주어 역할을 하는 동명사이고, ④는 명사 man을 수식하는 현재분사이다.

5

해석

〈보기〉 그녀의 직업은 환자들을 돌보는 것이다.

① 그는 사과 파이를 만들고 있다.

② Brian은 그의 방에 페인트를 칠하고 있다.

③ 그는 카페테리아에서 점심을 먹고 있다.

④ 저 쪽에서 이야기하고 있는 저 남자가 Janet의 남동생이다.

⑤ 그의 꿈은 영화 감독이 되는 것이다.

⇒ 문제해결

〈보기〉에 밑줄 친 taking은 보어 역할을 하는 동명사이다. ①, ②, ③은 진행형 'be+동사원형-ing'을 만드는 현재분사이고, ④는 명사를 수식하는 현재분사이며, ⑤는 보어 역할을 하는 동명사이다.

◎ 어휘

patient 환자   **cafeteria** 카페테리아

director 감독

6-7

해석

6 그녀의 취미는 크로스워드 퍼즐을 하는 것이다.

7 Mike는 손을 씻고 있다.

⇒ 문제해결

6, 7 동명사가 be동사 다음에 오는 경우에는 '～하는 것'이라는 뜻으로 주격보어의 역할을 한다. 반면에, 분사가 be동사 다음에 오는 경우에는 '～하고 있다'라는 진행의 의미를 갖는다.

◎ 어휘

corssword puzzle 크로스워드 퍼즐

8-9

⇨ 문제해결

8 주어가 들어갈 자리이므로 동명사인 Traveling이 알맞다.

9 '~하고 있다'는 의미의 현재진행형이 필요하므로 is riding이 올바르다.

◎ 어휘

all over the world 전 세계에   **ride** (말 등을) 타다

10 해석

① 나는 낚시를 매우 좋아한다.

② 인호는 지금 야구를 하고 있다.

③ 일기를 쓰는 것은 쉽지 않다.

④ 나는 보고서 쓰는 것을 마침내 끝냈다.

⑤ 돈을 버는 것이 인생의 전부는 아니다.

⇨ 문제해결

③ Keep a diary는 문장 주어가 되어야 하므로 동명사 Keeping a diary로 고쳐야 한다.

◎ 어휘

be fond of ~을 좋아하다

keep a diary 일기를 쓰다

report 보고서

Review Test   p.62

1 ④	2 ③	3 ⑤	4 ①
5 ④	6 ②	7 ⑤	8 ④
9 ①	10 ④	11 in the running train	
12 the stolen motorbike		13 ③	14 to live in
15 being	16 ①	17 ①	18 ①

19 ⓐ 그녀가 Sumi라고 불리는 것 ⓑ 그녀가 Sumi를 부르는 것

20 ⓐ 놀랐다 ⓑ 놀라게 했다

1-2

해석

1 Green여사는 집에 머무르는 것을 좋아하신다.

2 말하는 것은 행동하는 것보다 더 쉽다.

⇨ 문제해결

1 like는 to부정사나 동명사를 모두 목적어로 취할 수 있다.

2 to부정사, 동명사 둘 다 문장의 주어가 될 수 있지만, than 뒤에 있는 doing의 형태와 같은 동명사가 알맞다.

3-4

해석

3 그들은 그 흥미진진한 경기에 만족했다. 그들은 그것을 보면서 흥분했다.

4 그 소년은 밖에 나가 놀기를 원했다.
   그 책 다 읽었니?

⇨ 문제해결

3 밑줄 친 부분에는 excite가 뒤에 나오는 명사 game을 수식해야 하고, 내용상 경기가 '사람을 흥분시키는 주체'이므로 현재분사 exciting을 고르고 두 번째 빈칸에는 사람들이 흥분을 시킨 것이 아니라 흥분한 것이기 때문에 excited를 고른다.

4 want는 to부정사를 finish는 동명사를 목적어로 취하는 동사이다.

◎ 어휘

be satisfied with ~에 만족하다

excite 흥분시키다

5 해석

① 그 시험에 통과하는 것이 쉽지 않았다.

② 자고 있는 아기가 내 사촌이야.

③ 그는 인터넷 서핑을 즐긴다.

④ 알파벳 순서를 차례로 나열하는 것이 그녀에게는 힘들다.

⑤ 대기실을 확인해 보세요.

⇨ 문제해결

④ 문장에서 주어 역할을 해야 하기 때문에 put을 to put 또는 putting로 고쳐야 한다.

◎ 어휘

alphabets 알파벳   **waiting room** 대기실

6 해석

① Ann은 침낭을 하나 샀다.

② 그는 지금 축구를 하고 있다.

③ 내 취미는 우표를 수집하는 것이다.

④ 나는 그 소설을 읽는 것을 좋아한다.

⑤ 거짓말하는 것은 나쁘다.

⇨ 문제해결

②는 현재진행형에 사용된 현재분사이고 나머지는 동명사이다.

◎ 어휘

collect 수집하다   **stamp** 우표

novel 소설

7 **해석**

① 그들은 지금 영어 공부를 하고 있다.

② 자신을 아는 것은 간단하지 않다.

③ 아기들이 수영하는 것은 매우 쉽다.

④ 그의 행동은 이해하기 힘들다.

⑤ 매일 조깅을 하는 것은 살을 빼는 데 도움을 준다.

⇨ **문제해결**

⑤ Jog는 문장의 주어이므로 To jog 또는 Jogging으로 고쳐야 한다.

◎ **어휘**

jog 조깅하다

8-9

⇨ **문제해결**

8 decide는 목적어로 to부정사를 취하는 동사이다.

9 '의문사+to부정사'가 명사적 용법으로 주어, 보어, 목적어 역할을 한다. '어디로(어디서) ~할지'를 나타낼 경우에는 장소를 나타내는 'where to부정사'를 쓴다.

◎ **어휘**

quit ~을 그만두다   **sure** 확실한

put 놓다

10 **해석**

Mike는 축구를 잘한다.

축구하는 게 어때요?

⇨ **문제해결**

전치사 at과 about 목적어로 동명사를 쓴다.

◎ **어휘**

be good at ~을 잘하다

How about ~? ~하는 게 어때요?

11-12

⇨ **문제해결**

11, 12 분사는 형용사이므로 명사를 수식할 수 있는데, 일반적으로 명사 앞에서 수식하지만 수식어가 있을 경우에는 뒤에서 수식한다.

◎ **어휘**

motorbike 오토바이

steal 훔치다 cf)steal - stole - stolen

13 **해석**

① A : 뭐 사고 싶니?

　 B : 치마를 사고 싶어.

② A : 감기에 걸렸어요.

　 B : 그것 참 안됐네요.

③ A : 몸이 별로 좋지 않아요.

　 B : 많이 드세요.

④ A : 무엇을 하고 싶으세요?

　 B : 모형 비행기를 만들고 싶어요.

⑤ A : 수학 시험에서 좋은 성적을 받았어요.

　 B : 그것 참 잘 됐네요.

⇨ **문제해결**

③ A가 몸이 안 좋다고 했는데, B가 마음껏 먹으라고 했으므로 자연스럽지 않다.

◎ **어휘**

cold 감기

That's too bad. 그것 참 안됐네요.

Help yourself. 마음껏 드세요.

model airplane 모형 비행기

score 점수   **math** 수학

14-15

해석

14 Tom은 기거할 하숙집을 찾고 있다.

15 늦은 이유가 뭐니?

⇨ **문제해결**

14 live는 자동사로 뒤에 전치사 in이 뒤따라야 한다.

15 전치사 for의 목적어 역할을 하는 동명사가 알맞다.

◎ **어휘**

boarding house 하숙집

reason 이유

16-17

해석

16 그 뉴스는 정말 놀라웠다.

17 너에게 선물을 보내니 기쁘구나.

⇨ **문제해결**

16 사물이 주어로 놀라움을 느끼는 것이 아니라 유발시키는 것이므로 현재분사를 써야 한다.

17 '~해서, ~ 때문에'라는 원인이나 이유를 나타내는 to부정사의 부사적 용법이 알맞다.

18 해석

① 너무 많이 먹는 것은 당신을 살찌게 만든다.

② 그는 내 비밀을 지키겠다고 약속했다.

③ 산책하는 것이 어때?

④ 신문을 읽고 있는 여자가 내 여동생이야.

⑤ 그들은 보고서 쓰는 것을 끝냈다.

⇨ **문제해결**

① Eating(동명사)은 문장 주어로 올바르게 사용되었다.
② promise는 목적어로 to부정사를 취한다. ③ 전치사 about의 목적어 역할을 해야 하므로 taking을 써야 한다.
④ 앞에 있는 woman을 수식하므로 현재분사 reading을 써야 한다. ⑤ finish는 목적어로 동명사를 취한다.

◎ **어휘**

fat 살찐, 뚱뚱한   **promise** ~을 약속하다

secret 비밀

19-20

해석

19 ⓐ 나는 그녀가 수미라고 불리는 것을 들었다.

    ⓑ 나는 그녀가 수미를 부르는 것을 들었다.

20 ⓐ 그는 그녀의 아름다움에 놀랐다.

    ⓑ 그는 공연하는 동안 관중을 놀라게 했다.

⇨ **문제해결**

19 목적어(her)의 입장에서 ⓐ는 수동이고(called) ⓑ는 능동(call)이다.

20 ⓐ는 주어인 He가 놀라는 것으로 수동의 의미이지만 ⓑ는 주어인 He가 목적어인 the crowd를 놀라게 했다는 것으로 능동의 의미이다.

◎ **어휘**

amaze (깜짝) 놀라게 하다   **beauty** 아름다움

crowd 군중   **during** ~하는 동안에

🐝 Reading

p.64

1 ④   2 ①   3 ①

1 해석

두 소년이 거리를 걸어 내려가고 있었다. "봐, 저 소녀 네 여동생 같은데." 한 소년이 말했다. "아니야, 그녀는 내 동생이 아니야. 내 동생은 지금 강에서 수영을 하고 있어." 다른 소년이 얘기했다. "확실해? 그녀가 우리를 향해 손을 흔들고 있는데." 처음 얘기한 소년이 얘기했다. "바보야, 그녀는 네 동생이야." 다른 한 소년이 말했다.

⇨ **문제해결**

내용으로 보아 한 소년은 그의 여동생을 알아보지 못하고 있다.

2 해석

내 아내와 나는 집안일을 같이 한다. 우리는 많은 일을 한다. 우리는 음식을 만들고 설거지하는 것을 좋아한다. 그녀는 창문 닦는 것을 싫어한다. 그래서 나는 창문을 항상 혼자 닦는다.

⇨ **문제해결**

like와 hate는 목적어로 to부정사와 동명사를 둘 다 취할 수 있는 동사이다. 그러나 (A)에는 and으로 연결되어 있다. and의 앞 뒤는 동등한 문장 성분이 와야 하기 때문에 ①을 고른다.

◎ **어휘**

housework 집안일   **meal** 식사

wash the dishes 설거지 하다

hate 싫어하다

3 해석

지난 3개월 동안 비가 내리지 않기 때문에 우리에게는 충분한 물이 없었다. 우리는 걱정을 하기 시작했다. 우리는 어떤 물도 낭비하지 않으려고 노력했다.

⇨ **문제해결**

내용상 '물을 낭비하지 않으려고 조심했다'라는 의미가 되어야 한다. try는 to부정사를 취하는 동사이고 to부정사의 부정은 to 앞에 not을 놓으면 된다.

◎ **어휘**

waste 낭비하다

🐝 Grammar in Conversation

p.65

1 ③   **2 was waiting**   3 ③

1 해석

Sally : 수영장에 가자.

John : 갈 수 없을 것 같아. 나는 수영할 줄 몰라.

Sally : 걱정하지 마, John. 초보자들을 위한 수영 강습이 있어.

John : 좋아. 같이 가자.

⇨ **문제해결**

'수영을 하기 위한'이라는 의미로 도구나 수단을 나타내는 동명사가 와야 한다.

◎ 어휘
swimming pool 수영장
beginner 초보자

2 **해석**
A : 그는 그때 무엇을 하고 있었니?
B : 버스 정거장에서 버스를 기다리고 있었어.
A : 그래서 무슨 일이 일어났는데?
B : 그의 여자친구를 만났어.

⇨ **문제해결**
질문에 '과거진행형(be동사의 과거형+-ing)'이 포함된 질문이
므로 대답도 과거진행형으로 해야 한다.

◎ 어휘
bus stop 버스 정거장

3 **해석**
① A : 어떻게 기차역에 가야하는지 모르겠어요.
 B : 쉬워요. 두 블록을 곧장 가서 오른쪽으로 도세요.
② A : 네 파티에 가고 싶어.
 B : 좋아, 초대할게.
③ A : 빨간 모자를 쓰고 있는 남자는 누구니?
 B : 내 남동생이야.
④ A : 잃어버린 열쇠는 찾았니?
 B : 응, 그래. 내 가방에서 찾았어.
⑤ A : 누군가 내 이름을 부르는 걸 들었어.
 B : 내가 부른 건 아니야.

⇨ **문제해결**
③ 내용상 '모자를 쓰고 있는 남자'가 되어야 한다. the man
와 wear의 관계가 능동이기 때문에 wearing이 되어야 한다.

◎ 어휘
straight 똑바로   **right** 오른쪽
invite 초대하다   **somebody** 누군가

Chapter 4 동사에 의미를 첨가해 주는 조동사 정복하기

Unit 20   p.68

A
Check-up
1 can   2 cannot go   3 could
4 able   5 Could I

⇨ **문제해결**
1 can는 '~해도 좋다'는 허락의 의미로 쓰이며 능력을 나타
 낼 때만 be able to로 바꾸어 쓸 수 있다.
2 can의 부정은 cannot이나 can't이다.
3 문장의 내용상 과거의 사건을 나타내고 있으므로 could
 를 고른다.
4 be able to는 '~할 수 있다'는 의미는 능력의 can과 바
 꾸어 쓸 수 있다.
5 could는 허가의 의미로 쓰였기 때문에 능력의 be able
 to와 바꾸어 쓸 수 없다.

◎ 어휘
Chinese 중국어   **order** 주문, 명령

B
Check-up
1 is → be
2 could catch not → could not(couldn't)
  catch
3 was able not to → was not able to
4 cannot → could not(couldn't)
5 will can → will be able to

⇨ **문제해결**
1 조동사(cannot) 다음에는 동사원형이 와야 하므로 is는
 be로 고쳐야 한다.
2 조동사를 부정할 경우에는 조동사 뒤에 not을 놓는다.
3 be able to의 부정형은 be not able to이다.
4 yesterday가 과거를 나타내므로 cannot은 could
 not(couldn't)으로 고쳐야 한다.
5 can의 미래형은 will be able to이다.

◎ 어휘
solve (문제 등을) 풀다

Unit 21
p.69

A

Check-up

1 be　　　2 Will　　　3 tomorrow
4 would　　5 may　　　6 may

⇨ 문제해결

1 조동사(will) 다음에는 동사원형이 온다.

2 요청을 나타내는 조동사는 will이다.

3 미래를 나타내는 조동사 will이 문장 앞에 있으므로 tomorrow를 고른다.

4 'would you like to+동사원형'는 '~하고 싶다'의 뜻을 가진다. 따라서 would를 고른다.

5 추측을 나타내는 조동사는 may이다.

6 내용상 '밖에 나가면 안 된다'는 의미를 나타내는 조동사를 써야 한다. may의 부정은 금지의 의미를 나타낸다.

◎ 어휘

dinner 저녁

B

Check-up

1 I will be a good soccer player.
2 Will she lend you her camera?
3 They will not(won't) seek new members.
4 You may not take a break now.

⇨ 문제해결

1 미래시제를 나타내는 기본 표현은 'will+동사원형'이다.

2 조동사가 포함된 문장의 의문문은 '조동사+주어+동사원형 ~?'이다.

3, 4 조동사가 포함된 문장을 부정할 경우에는 조동사 뒤에 not을 놓는다.

Unit 22
p.70

A

Check-up

1 must　　　2 don't have　　3 must
4 not break　　5 Shouldn't I

⇨ 문제해결

1 must는 '~해야 한다'는 뜻으로 의무를 나타낸다.

2 have to의 부정형은 don't have to로 '~할 필요가 없다'는 뜻이다.

3 must는 강한 추측 '~임에 틀림없다'라는 의미를 나타낼 수 있다.

4 조동사를 부정할 경우에는 조동사 뒤에 not을 놓는다.

5 조동사의 의문문을 만들 때는 조동사를 문장 앞에 놓는다.

◎ 어휘

practice 연습하다
stay up all night 밤을 새다

B

Check-up

1 must　　　　　2 should(must)
3 don't have to　　4 should not

⇨ 문제해결

1 '~임에 틀림없다'의 의미로 강한 추측을 나타내는 조동사를 사용해야 한다.

2 '~해야 한다'는 의무를 나타내는 조동사는 must, should, ought to등이 있다.

3 의미상 '~할 필요가 없다'는 뜻이 되어야 한다. 따라서 don't have to를 고른다.

4 should의 부정형인 should not은 '~하지 않는 게 좋다'라는 의미이다.

◎ 어휘

popular 인기 있는　　　**lose weight** 살을 빼다

개념확인문제
p.71

1 ②　　2 able to　　3 has to(ought to)　　4 ⑤
5 ④　　6 ④　　7 ②　　8 ②
9 ①　　10 (1) may　(2) must　(3) can't

1 **해석**

제가 질문을 하나 해도 될까요?

⇨ 문제해결

허가를 나타내는 조동사에는 can과 may가 있다.

◎ 어휘

question 질문

2-3

해석

2 아버지는 지난 밤에 잠을 잘 수 없었다.

3 그는 그 일을 해야만 한다.

⇒ **문제해결**

2 can이 가능의 뜻을 나타낼 때 be able to로 바꾸어 쓸 수 있다.

3 must가 의무를 나타낼 때 have to, ought to, should로 바꾸어 쓸 수 있다.

4

해석

① 비가 올지도 모른다.

② 그것은 그녀의 것일지도 모른다.

③ 그녀는 그의 어머니일지도 모른다.

④ 그는 진실을 알지도 모른다.

⑤ 내 전화를 사용해도 된다.

⇒ **문제해결**

①~④의 may는 추측을 나타내고, ⑤는 허가를 나타낸다.

◎ **어휘**

truth 진실, 진리

5

해석

나는 _____ 몇 권의 만화책을 살 것이다.

⇒ **문제해결**

will은 미래를 나타내므로 과거를 나타내는 부사구와는 함께 사용할 수 없다.

◎ **어휘**

comic book 만화책

6

해석

Jenny는 그의 사무실을 찾을 수 없었다.

⇒ **문제해결**

be able to는 '~할 수 있다'는 의미로 can과 바꾸어 쓸 수 있다.

◎ **어휘**

find 찾다   **office** 사무실

7

해석

① 나는 내 뜻대로 할 것이다.

② 그 아기는 걸을 수 있을 것이다.

③ 나는 내가 무엇을 해야하는지 알고 있다.

④ 당신의 나이를 물어도 될까요?

⑤ 너는 미국에서 영어를 말해야 한다.

⇒ **문제해결**

② be able to는 '~할 수 있다'는 의미로 can과 바꾸어 쓸 수 있지만 이미 조동사 will이 있으므로 이중 조동사가 되어 쓸 수 없다.

◎ **어휘**

have one's way 뜻대로 하다

abroad 해외로

8

해석

당신은 스페인어를 할 줄 아십니까?

Smith 씨와 얘기할 수 있을까요?

저를 위해서 이 의자 좀 옮겨 주시겠어요?

⇒ **문제해결**

능력, 허가, 요청을 모두 나타내는 조동사를 고른다.

9

해석

A : 제가 밖에서 자전거를 타도 되나요?

B : 응, 그래도 좋다. 하지만 먼저 숙제를 끝마쳐야 한다.

A : 알았어요, 그럴게요.

⇒ **문제해결**

대화의 흐름으로 자전거를 타도 되냐는 질문에 허락의 응답을 했음을 알 수 있다. May로 물었으므로 may로 대답한다.

◎ **어휘**

outside 밖에서

10

⇒ **문제해결**

'~일지도 모른다'는 약한 추측을 나타내는 조동사는 may이다.

'~임에 틀림없다'는 강한 추측을 나타내는 조동사는 must이다.

'~일 리가 없다'는 부정의 추측을 나타내는 조동사는 can't이다.

◎ **어휘**

sick 아픈

Review Test
p.72

1 able	2 can	3 must	4 ⑤
5 could	6 have to	7 want to	8 ①
9 ⑤	10 ④	11 ②	
12 won't(will not의 줄임말)		13 can't(cannot)	
14 must(should)		15 ③	
16 could	17 ③	18 ③	
19 will be able to		20 would	

1-3

해석

1 너 우리 결혼식에 올 수 있을 것 같니?

2 누구나 실수할 수 있다.

3 너는 네가 들은 대로 해야만 한다.

⇨ 문제해결

1 의미상 가능의 의미를 갖는 can과 be able to 둘 다 가능하지만 be동사의 보어로 사용할 수 있는 것은 형용사 able뿐이다. 조동사 두 개를 함께 쓸 수 없다.

2 가능의 의미를 나타내는 조동사 can이 올바르다.

3 의무를 나타내는 조동사 must가 필요한 자리이다.

◎ 어휘

wedding 결혼식

make a mistake 실수하다

4

해석

Phillip은 아파서 침대에 누워 있을지도 모른다.

⇨ 문제해결

조동사 다음에는 동사원형이 온다.

5-7

해석

5 그는 그 강을 헤엄쳐 건널 수 있었다.

6 그들은 합의에 도달해야 한다.

7 나는 스포츠 카를 사고 싶다.

⇨ 문제해결

5 'be able to'는 can과 바꾸어 쓸 수 있는데, 주어진 문장의 동사가 was로 과거형이다. 따라서 could를 쓴다.

6 조동사 must는 have to로 바꾸어 쓸 수 있다.

7 'would like to+동사원형'는 '∼하고 싶다'의 의미이며 'want to+동사원형'으로 바꾸어 쓸 수 있다.

◎ 어휘

across ∼를 가로질러   **reach** ∼에 도달하다, 이르다

agreement 합의, 동의, 협정

8

해석

그는 지금 매우 외로움에 틀림없다.

① 그녀는 그의 이모임에 틀림없다.

② 내가 그를 그곳에 데려가야만 합니까?

③ 너는 여기서 담배를 피우면 안 된다.

④ 너는 지금 잠자러 가야 한다.

⑤ 우리는 도서관에서 조용히 해야 한다.

⇨ 문제해결

주어진 문장과 ①은 '∼임에 틀림없다'라는 뜻으로 추측을 나타내고, 나머지는 '∼해야 한다'라는 뜻으로 의무를 나타낸다.

◎ 어휘

lonely 외로운, 고독한   **quiet** 조용한

9-10

해석

9 그는 다음 달에 다른 주로 _____.

10 Olga는 _____ 수 있었다.

① 케이크를 만들

② 빨리 달릴

③ 나무에 올라갈

④ 과학 콘테스트에서 우승할

⑤ 박물관으로 가는 길을 찾을

⇨ 문제해결

9 미래를 나타내는 부사구 next month가 있으므로 미래 시제를 고른다.

10 조동사 다음에는 동사원형이 온다.

◎ 어휘

state 주

11

해석

A : 여기 좀 덥지 않나요?.

B : 네, 그래요.

A : _____

B : 물론이죠.

⇨ 문제해결

허가나 요청을 나타내는 can대신에 could를 사용하면 더 공손한 표현이 된다.

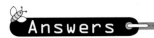

12-14

⇒ 문제해결

12 내용상 '~하지 않을 것이다' 의미의 will not이 필요한데 빈칸이 하나이므로 will not의 줄임말 won't를 써야 한다.

13 조동사 can't(cannot)는 '~일리가 없다'는 뜻으로 현재 사실에 대한 부정적 추측을 나타낼 수 있다.

14 의무를 나타내는 조동사가 필요하므로 must나 should 를 써야 한다.

15 해석

Tom에게

일요일에 뭐 할 거니? 난 여동생과 쇼핑갈 거야. 우리랑 함께 가지 않을래? 쇼핑을 하고 나서 우리는 영화도 보러 갈거야. 전화해!

Sandy가

⇒ 문제해결

should는 의무를 나타내는 조동사이므로 상대의 의향을 묻는 'would you like to+동사원형'을 써야 한다.

◎ 어휘

go shopping 쇼핑하러 가다

16 해석

Tony와 그의 가족은 버스로 해변에 갔다. Tony는 그곳에서 수영을 하고 놀 수 있었다.

⇒ 문제해결

내용상 '~할 수 있다'는 능력의 can을 써야 한다. 앞 문장의 동사가 went로 과거에 사건을 말하고 있다. 따라서 could를 써야 한다.

◎ 어휘

beach 해변   **by bus** 버스로

17 해석

① 너는 상자를 열어야 한다.
   → 너는 상자를 열지 말아야 한다.
② 너는 일찍 떠나도 된다.
   → 너는 일찍 떠나면 안 된다.
③ 나는 그녀를 돌보아야 한다.
   → 나는 그녀를 돌보지 말아야 한다.
④ 그는 제시간에 올 것이다.
   → 그는 제시간에 오지 않을 것이다.
⑤ 그는 축구를 잘 할 수 있다.
   → 그는 축구를 잘 할 수 없다.

⇒ 문제해결

③ should의 부정은 should not(shouldn't)이다.

◎ 어휘

take care of ~을 돌보다   **on time** 정각에, 제시간에

18 해석

① 너는 지금 가야만 한다.
   너는 펜으로 그것을 써야 한다.
② 그녀는 여기에 일찍 올 필요가 없다.
   너는 그곳에 혼자 갈 필요가 없다.
③ 너는 즉시 출발해야 한다.
   그녀가 그의 주소를 알지도 모른다.
④ 그녀는 영어를 말할 수 있다.
   그녀는 일본어로 일기를 쓸 수 있다.
⑤ 나는 방을 청소할 것이다.
   나는 저녁식사 후에 수학을 공부할 예정이다.

⇒ 문제해결

③ should는 '~해야 한다'는 의무를 나타내고, might은 may의 과거형으로 불확실한 추측을 나타낸다.

◎ 어휘

alone 혼자서   **at once** 즉시, 곧
address 주소   **keep a diary** 일기를 쓰다
supper 저녁 식사

19 해석

우리는 영어에 대해 더 많이 배울 수 있다.

⇒ 문제해결

can의 미래형은 will be able to이다.

◎ 어휘

learn 배우다

20 해석

나는 초코 아이스크림을 먹고 싶다.
저에게 종이 한 장 가져다 주실래요?

⇒ 문제해결

'would like to+동사원형'은 '~하고 싶다'는 소망을 나타내고, 부탁할 때 사용된 would는 정중함을 나타낸다.

◎ 어휘

bring 가져오다   **piece** 조각

Reading
p.74

1 ⑤   2 ⑤   3 ③

1

해석

Paul에게

오늘밤 저녁 식사로 스파게티를 만들고 싶구나. 그래서 엄마는 야채를 좀 사야만 한단다. 나를 위해서 슈퍼마켓 가 주겠니? 감자와 토마토 몇 개가 필요하단다. 또 설탕도 약간 필요해. 고맙다.

사랑하는 엄마가

⇒ **문제해결**

엄마는 저녁 식사로 스파게티를 만들기 위해 필요한 감자와 토마토 등을 Paul에게 부탁하고 있는 상황으로 빈칸에는 have to가 필요하다.

◎ **어휘**

vegetable 야채   **potato** 감자
sugar 설탕

2

해석

hearing과 listening은 다르다. 당신은 많은 소리와 단어를 쉽게 들을 수 있다. 그러나 당신이 들을 때, 주의를 기울여야만 하고, 들었던 것에 대해 생각해야 한다.

⇒ **문제해결**

마지막 문장 "But when you listen, ~ what you have just heard."에서 힌트를 얻을 수 있다.

◎ **어휘**

different 다른   **loudly** 크게

3

해석

술에 취한 사람이 자신의 문 열쇠를 가로등에 꽂으려고 애쓰고 있을 때, 경찰관이 다가왔다. "선생님, 집에 아무도 없는 것 같은데요."라고 경찰관이 말했다. "경관 나리, 틀림없이 있어요. 왜냐하면 위층에 불이 켜져 있잖소."라고 술에 취한 사람이 말했다.

⇒ **문제해결**

문맥상 '틀림없이 집에 누가 있어요.'라는 의미가 되야 한다.

◎ **어휘**

a drunk 술 취한 사람
fit A into B A를 B에 맞춰 넣다
street lamp 가로등

Grammar in Conversation
p.75

1 ②   2 ⓐ-ⓒ-ⓑ-ⓓ
3 ④   4 ②

1

해석

A : 저를 위해 이 이메일을 보내주실 수 있으세요?

B : _____

⇒ **문제해결**

②를 제외한 나머지 선택지는 부탁을 수락하는 말이다.

◎ **어휘**

send 보내다

2

해석

ⓐ 이 탁자 옮기는 것 좀 도와주시겠어요?

ⓑ 도와주셔서 감사합니다.

ⓒ 그러죠. 우리 함께 이것을 옮겨 봅시다.

ⓓ 천만에요.

⇒ **문제해결**

ⓐ 부탁에 대한 답변인 ⓒ가 이어져야 하고, 감사의 마음을 표시한 ⓑ 뒤에 이에 상응하는 ⓓ가 연결되는 것이 가장 자연스럽다.

◎ **어휘**

move 움직이다. 이사하다

3

해석

A : Jim, 무슨 일이 있니?

B : 체중 때문에 걱정이야.

A : 네가 운동을 해야 한다고 생각해.

B : 너의 좋은 충고 고마워.

⇒ **문제해결**

should는 '~해야 한다'는 충고를 할 때 쓸 수 있다.

◎ **어휘**

be worried about 걱정하다
exercise 운동

4

해석

① A : 나가도 되나요?
   B : 그래, 나가도 돼.

② A : 그 소문이 진실일까?
   B : 아니야, 너는 하면 안돼.

③ A : 여권을 가져와야 합니까?
   B : 아뇨, 가져오실 필요 없습니다.

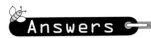

④ A : 제가 뭐 좀 마셔도 될까요?
　B : 물론이에요. 마음껏 드세요.

⑤ A : 제가 이걸 어디에 제출해야 하나요?
　B : 안내 데스크에 가서 문의하세요.

⇒ 문제해결
② can으로 질문을 하고 있으므로 대답은 can 또는 can't으로 해야 한다. 문맥상 'No, it can't be ture.가 되야 한다.

◎ 어휘
rumor 소문　　　　　　**passport** 여권

Chapter 5 관사와 명사 길들이기

Unit 23　　　　　　p.78

A

◦ Check-up ◦
1 a　　　2 a　　　3 an　　　4 a
5 An

⇒ 문제해결
1, 2, 3, 5　뒤에 오는 단어의 첫 발음이 자음이면 a를, 모음이면 an을 사용한다.
4　부정관사는 '매~, ~마다'의 뜻으로 쓰였다.

◎ 어휘
once upon a time 옛날에
dolphin 돌고래

B

◦ Check-up ◦
1 그녀는 한 회사에서 일한다.
2 그녀는 일주일에 한 번 부모님을 방문한다.
3 그의 꿈은 위대한 마술사가 되는 것이다.
4 그들은 다 내 친구이고 같은 나이이다.
5 손 안에 든 한 마리의 새가 수풀에 있는 새 두 마리의 가치가 있다.

⇒ 문제해결
1, 3, 5　막연히 '많은 것 가운데 하나(one of many)'를 가리킨다.
2　부정관사는 '매~, ~마다'의 뜻으로도 쓰인다.
4　'~ of a[an] + 명사'의 형태로 쓰일 때 부정관사는 '같은, 동일한(the same)'의 뜻이다.

◎ 어휘
magician 마술사　　　　**worth** 가치가 있는
bush 덤불, 숲

Unit 24　　　　　　p.79

A

◦ Check-up ◦
1 The　　　2 ×　　　3 The　　　4 ×
5 ×

⇒ 문제해결
1　달과 해, 지구, 계절 이름 앞에는 정관사 the를 쓴다.
2　운동 이름 앞에는 관사를 쓰지 않는다.
3　한번 언급했던 것을 다시 말할 때 정관사 the를 쓴다.
4　식사 이름 앞에는 관사를 쓰지 않는다.
5　교통수단 앞에는 관사를 붙이지 않는다.

◎ 어휘
moon 달

B

◦ Check-up ◦
1 cello → the cello
2 A girl → The girl
3 Earth → The earth
4 by the taxi → by taxi
5 the breakfast → breakfast

⇒ 문제해결
1　악기 이름 앞에는 정관사 the를 써야 한다.
2　뒤에 수식하는 말이 딸린 명사는 앞에 정관사 the를 붙인다.
3　세상에 하나뿐인 것을 가리킬 때 정관사 the를 쓴다.
4　교통수단에는 관사를 붙이지 않는다.
5　식사 이름 앞에는 관사를 붙이지 않는다.

Unit 25 p.80

A

Check-up

1 oranges	2 city	3 dishes
4 foot	5 sheep	6 pianos
7 potatoes	8 toy	9 roof

◎ 어휘

sheep 양 **roof** 지붕

B

Check-up

1 childs → children
2 joys → joy
3 babys → babies
4 glass of waters → glasses of water
5 Sheeps → Sheep

⇒ 문제해결

1 child의 복수형은 children이다.
2 joy는 추상명사이므로 복수형으로 나타낼 수 없다.
3 baby의 복수형은 babies이다.
4 물질명사의 수량은 단위나 용기를 이용해 표시하므로 two glasses of water가 알맞다.
5 sheep은 단수와 복수가 같은 명사이다.

◎ 어휘

joy 기쁨 **lots of** 많은(= a lot of)

 개념확인문제 p.81

1 The	2 a	3 the	4 an	5 the
6 (1) teeth	(2) leaves	(3) heroes	(4) knives	(5) fish
7 ②	8 ⑤	9 ③	10 ③	

1-3

해석

1 탁자 위에 공책이 한 권 있다. 그 공책은 그녀의 것이다.
2 나는 하루에 두 번 양치질을 한다.

3 내 친구는 바이올린을 매우 잘 연주할 수 있었다.

⇒ 문제해결

1 앞에 나온 명사 a notebook을 언급해야 하므로 정관사 the가 필요하다.
2 부정관사(a/an)에는 '~마다(= per)'의 의미가 있다.
3 악기 이름 앞에는 정관사 the를 붙인다.

4-5

해석

4 그녀는 그가 정직한 소년이라고 생각한다.
  나는 MP3 플레이어를 샀다.
5 소파 위에 있는 고양이를 봤니?
  하늘에 있는 달을 봐.

⇒ 문제해결

4 막연한 하나를 나타내므로 부정관사를 써야하는데 발음이 모음으로 시작하므로 an을 붙인다.
5 첫 번째 문장에서는 cat 뒤에 수식하는 말이 있으므로 정관사 the, 두 번째 문장에서 해와 달 지구 등 세상에 하나 뿐인 것을 가리킬 때는 정관사 the를 붙인다.

6

⇒ 문제해결

(1) tooth는 불규칙 변화는 명사로 복수형은 teeth이다.
(2), (4) '-f, -fe'로 끝나는 명사의 복수형은 '-f, -fe → -ves'이다.
(3) piano, photo를 제외하고 '자음+o'로 끝나는 명사의 복수형은 '명사+es'이다.
(5) fish는 단수형과 복수형이 같은 명사이다.

7

해석

① 그녀는 분필 몇 개를 구입했다.
② 제가 커피 한 잔 마셔도 될까요?
③ 나는 몇 장의 종이가 필요하다.
④ 그는 두 조각의 빵을 먹었다.
⑤ 그는 우유 두 잔을 마신다.

⇒ 문제해결

물질명사의 수량 표시를 위해 단위나 용기를 사용하기 때문에 명사 자체에는 복수 표시를 하지 않는다. chalk나 paper, bread는 piece를 coffee나 tea 등은 cup을 milk나 juice 등은 glass를 쓴다.

◎ 어휘

chalk 분필

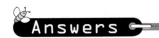

Answers

8 **해석**

① 저 여인은 아름다운 사진을 가지고 있다.

② 내 오빠는 이 학교 학생이다.

③ 밤에 별 하나가 보인다.

④ 이 장난감은 그의 것이다.

⑤ 잔디밭에 양 한 마리가 있다.

⇨ **문제해결**

sheep은 단수형과 복수형이 같은 명사이다.

◎ **어휘**

toy 장난감   **sheep** 양

9 ⇨ **문제해결**

명사가 수식어의 꾸밈을 받아 가리키는 대상이 분명할 때는 정관사 the를 쓴다.

10 **해석**

나의 아버지는 기술자이다.

나의 개는 멋있는 애완동물이다.

지구는 둥글다.

⇨ **문제해결**

engineer는 첫소리가 모음이므로 an이 와야 한다. wonderful의 첫소리가 자음이므로 a가 알맞다. earth는 유일한 것이므로 The를 놓는다.

◎ **어휘**

engineer 기술자   **pet** 애완동물

Review Test   p.82

1 ②	2 ①	3 ②	4 sheeps → sheep
5 ①	6 (1) a (2) The (3) x (4) an, The		
7 ④	8 ②	9 ④	
10 love, Korea, money, paper			11 boxes
12 pants	13 ①	14 ④	15 (1) piece
(2) bottle (3) cup (4) pound			16 ④
17 mice	18 ②	19 ⑤	20 ②

1 **해석**

이것(이분)은 _____이다.

⇨ **문제해결**

Tom은 고유명사로 셀 수 없는 명사이므로 부정관사 a/an이 붙을 수 없다.

◎ **어휘**

policeman 경찰관

2 **해석**

① 그녀는 미국 소녀이다.

② 나는 버스로 학교에 간다.

③ 나의 이모는 매우 관대하시다.

④ 나는 바이올린을 연주 할 수 있다.

⑤ 책상 위에 있는 책들은 재미있다.

⇨ **문제해결**

①은 보통명사 girl 앞에는 부정관사를 붙일 수 있다.

◎ **어휘**

generous 관대한

3 **해석**

놀이 공원이 있다.

봄은 겨울 다음에 온다.

⇨ **문제해결**

막연한 것을 가리키는 것으로 뒤에 오는 단어의 발음이 모음으로 시작하기 때문에 an, 계절은 정관사 the를 붙인다.

◎ **어휘**

amusement park 놀이 공원

4 **해석**

우리 안에는 3 마리의 양과 4 마리의 사슴이 있다.

⇨ **문제해결**

sheep는 단수형과 복수형이 같다.

◎ **어휘**

deer 사슴

5 **해석**

나는 커피 두 잔을 마시고 싶다.

⇨ **문제해결**

coffee가 셀 수 없는 명사이기 때문에 '커피 두 잔'은 'two cups of coffee'으로 쓴다.

◎ **어휘**

coffee 커피

6 **해석**

(1) 1년에 몇 개의 계절이 있나요?

(2) 이 우물물은 마시기에 좋다.

(3) 그녀는 지하철로 그곳에 갔다.

(4) 나에게는 이구아나 한 마리가 있다. 그 이구아나는 매우 귀엽다.

➪ **문제해결**

1) 부정관사(a/an)에는 '하나의'의 뜻이 있다.

2) 물질명사라고 하더라도 형용사(구)의 수식을 받을 때는 정관사 the를 붙인다.

3) 교통수단에는 관사를 생략한다.

4) 보통명사 앞에는 부정관사를 쓰고, 반복되어 사용될 때는 정관사를 붙인다.

◎ **어휘**

season 계절

well 우물

7 **해석**

① 그 시인은 매우 인기가 있었다.

② 나는 하루에 두 잔의 주스를 마신다.

③ 우리반에는 35명의 학생이 있다.

④ 우리는 여름 휴가 때 파리에 갔었다.

⑤ 남자 형제가 몇 명 있니?

➪ **문제해결**

④ 고유명사 앞에는 관사를 쓰지 않는다.

◎ **어휘**

poet 시인   **popular** 인기 있는

vacation 방학, 휴가

8 **해석**

나는 피아노 한 대를 가지고 있다.

교실에 선생님이 한 분 계시다.

이것은 꽃병이다.

➪ **문제해결**

막연한 하나를 가리키는 부정관사 a가 필요하다.

◎ **어휘**

vase 꽃병

9 **해석**

① 그 소년은 빗속에서 걸었다.

② 그녀의 방은 이층이다.

③ 집에 오는 길에 나는 Bill을 만났다.

④ 우리는 함께 야구를 했다.

⑤ 얼마나 친절한 소녀인가!

➪ **문제해결**

④ 운동 경기 이름 앞에는 관사를 생략한다.

◎ **어휘**

on the way ∼하는 도중에

together 함께, 같이

10 ➪ **문제해결**

love는 추상명사, Korea는 고유명사, money와 paper는 물질명사로 모두 불가산명사이다.

11-12

해석

11 이 방 안에 세 개의 상자가 있다.

12 이 바지 어때?

➪ **문제해결**

11 보통명사 box는 복수의 의미로 쓰일 때 -es를 붙여서 나타낸다.

12 pants(바지)는 항상 복수형으로 쓰인다.

◎ **어휘**

pants 바지

13 **해석**

① 정직한 사람이 되거라!

② 나는 계란 세 개를 샀다.

③ Lucy 정말 예쁘지, 그렇지 않니?

④ 문을 닫지 말아라.

⑤ 나는 오늘 아침에 우유를 두 잔 마셨다.

➪ **문제해결**

②, ④ 복수명사 앞에는 부정관사를 쓰지 않는다. ③ 서술적 용법으로 쓰인 형용사 앞에는 관사를 쓰지 않는다. ⑤ '우유 두 잔'은 'two cups of milk'로 써야한다.

◎ **어휘**

bottle 병

14 **해석**

A : 자녀를 많이 두고 계세요?

B : 네, 그래요. 아들 세 명과 딸 한 명이 있어요.

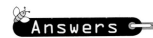
⇨ 문제해결
아들이 세 명이라고 했기 때문에 son을 복수형 sons으로 바꿔야 한다.

◎ 어휘
son 아들   **daughter** 딸

15 **해석**
(1) 종이 한 장 있나요?
(2) 그녀는 와인 한 병을 원한다.
(3) 저에게 차 한 잔 주세요.
(4) 소금 1 파운드가 있다.

⇨ 문제해결
(1) 종이 한 장은 'a piece of paper'이다.
(2) 와인 한 병은 'a bottle of wine'이다.
(3) 차 한 잔은 'a cup of tea'이다.
(4) 소금 1 파운드는 'a pound of salt'이다.

◎ 어휘
bottle 병   **pound** 파운드(무게의 단위)

16 ⇨ 문제해결
① piano의 복수형은 pianos이다.

◎ 어휘
potato 감자   **knife** 칼
gentleman 신사

17 ⇨ 문제해결
A, B의 관계가 '단수 – 복수'다. 따라서 mouse의 복수형을 쓰면 되는데 mouse의 복수형은 mice이다.

◎ 어휘
mouse 생쥐

18 **해석**
들판에는 많은 _____이 있다.

⇨ 문제해결
①, ③, ④, ⑤ 복수형이고 ②만 단수형이다.

◎ 어휘
field 들판

19 **해석**
_____는 아름다운 꽃을 들고 있다.

⇨ 문제해결
동사가 has(단수)이므로 복수인 My children은 적절하지 않다.

20 **해석**
A : 저는 배가 고파요. 먹을 것이 필요해요.
B : 빵과 우유를 먹을래?
A : 예.

⇨ 문제해결
food와 milk는 모두 셀 수 없는 물질명사이므로 복수형을 만들 수 없다.

◎ 어휘
bread 빵

Reading   p.84

1 ①   2 ③   3 ③
4 (A) **friends** (B) **hobbies** (C) **wishes**

1 **해석**
한국어는 한국의 언어이고, 일본어는 일본의 언어이다. 독일어는 독일에서 사용되고, 프랑스어는 프랑스에서 사용된다. 일반적으로 말해서, 각 나라들은 자신의 언어를 가지고 있다. 그러나 이것이 항상 그런 것만은 아니다. 어떤 나라들은 다른 나라의 언어를 쓴다.

⇨ 문제해결
① 고유명사인 국가명 앞에는 정관사 the를 쓰지 않는다.

◎ 어휘
language 언어   **German** 독일어
Germany 독일
generally speaking 일반적으로 말해서

2 **해석**
오늘날 우리 주변에는 많은 자동차들이 있다. 자동차들은 많은 에너지를 사용하고 매연을 내뿜는다. 만약 우리가 자동차 대신에 자전거를 더 많이 탄다면, 우리는 에너지를 절약하고 공기를 깨끗하게 유지할 수 있다.

⇨ 문제해결
동사가 are이므로 복수명사를 cars를 골라야 한다. 그리고 many는 셀 수 있는 명사와 함께 쓰이는 수량형용사이다. 바람, 공기, 하늘과 같은 단어 앞에는 정관사 the를 쓴다.

◎ 어휘

give out 내뿜다　　　　**save** 절약하다

3　**해석**

나의 어린 동생 Annie는 5살이다. 그녀는 질문하기와 그림 그리기를 좋아한다. 그녀는 이미 훌륭한 ＿＿＿＿이다. 그리고 그녀는 항상 열심히 한다. 그녀는 날마다 몇 점의 그림을 그린다.

⇨ **문제해결**

Annie는 그림 그리기를 좋아하고 날마다 몇 점의 그림을 그릴 정도이므로 빈칸에는 artist가 적절하다.

◎ 어휘

draw (그림 등을) 그리다

4　**해석**

오늘 아침 남수는 영어 수업이 있었다. 선생님은 학생들에게 학급 앞에서 자신들에 관하여 말해 보라고 말씀하셨다. 즉, 그들의 친구들, 취미, 그리고 희망 사항 같은 것을.

⇨ **문제해결**

친구, 취미, 소망 등은 '그들의'라는 3인칭 복수 소유격 뒤에 왔으므로 모두 복수형으로 고쳐야 한다.

◎ 어휘

in front of ～앞에　　　　**hobby** 취미

Grammar in Conversation　　　p.85

1 ③　　　　2 ⑤　　　　3 a　　　　4 ①

1　**해석**

A : 목이 말라요. 물이 필요해요.

B : 물이 없는데. 콜라나 우유는 어때?

A : 콜라 주세요.

⇨ **문제해결**

water와 milk는 모두 셀 수 없는 물질명사이므로 부정관사를 붙이거나 복수형으로 쓸 수 없다.

◎ 어휘

thirsty 목마른

2　**해석**

A : 누가 창문을 깨뜨렸니?

B : Tom이 그랬지. 그는 창문에 야구공을 던졌어.

A : 내가 기타를 치고 있는 동안에 소리를 들었어.

⇨ **문제해결**

악기 이름 앞에는 정관사 the를 붙인다.

◎ 어휘

break 깨뜨리다　cf)break-broke-broken
throw 던지다　cf)throw-threw-thrown

3-4

해석

Yoon-ho : 무척 더운 날이다.

Se-na 　: 오늘은 너무 더워. 너의 영어 시험은 언제 있니?

Yoon-ho : 내일 아침이야.

Se-na 　: 방과 후에 도서관에 가자.

Yoon-ho : 좋아. 거기는 시원하지.

Se-na 　: 우리 몇 시에 만날까?

Yoon-ho : 4시 정각에 만나자.

Se-na 　: 좋아. 그때 만나.

⇨ **문제해결**

3　내용상 (A)를 포함한 문장은 감탄문이다. day가 가산명사이므로 부정관사 a를 쓴다.

4　대화에 언급된 the library의 정관사 the는 서로 아는 것을 가리킬 때 사용하는 정관사이다.

◎ 어휘

flute 플루트

Chapter 6　명사를 대신하는 대명사 훑어보기
Unit 26　　　　p.88

A　┌ Check-up ┐

1 my　　　　2 her　　　　3 them
4 His　　　　5 yours

⇨ **문제해결**

1　명사 parents를 수식하는 소유격 my가 올바르다.

2　전치사(for)의 목적어로 쓰일 수 있는 것은 목적격이다.

3 동사 liked의 목적어가 필요하므로 목적격 them이 알맞다.

4 명사 glasses를 수식하는 소유격 His가 알맞다.

5 'your pen'의 의미가 되어야 하므로 '소유격+명사'를 대신하는 소유대명사 yours가 어법상 올바르다.

◎ 어휘

garage sale (이사 할 때 보통 자기 집 차고에서 하는) 중고 가정용품 염가 판매

B

Check-up

1 I　　　2 me　　　3 him　　　4 her

⇒ 문제해결

1 문장의 주어가 될 수 있는 것은 주격이다.

2 전치사의 목적어가 필요하므로 목적격을 쓴다.

3 타동사 know의 목적어가 필요하므로 him이 알맞다.

4 명사 color를 수식하는 소유격 her가 올바르다.

◎ 어휘

blouse 블라우스　　　**favorite** 제일 좋아하는

Unit 27　　　p.89

A

Check-up

1 It　　　2 It　　　3 it　　　4 It

⇒ 문제해결

1 밑줄 친 That은 뒤에 나오는 to learn Chinese(진주어)를 대신하는 가주어가 되어야 하므로 It으로 고쳐야 한다.

2,4 밑줄 친 This, That은 날씨, 요일을 나타내는 비인칭 대명사 It으로 고쳐야 한다.

3 밑줄 친 that이 가리키는 것이 앞에 나온 특정한 명사 a watch이므로 대명사는 it이 알맞다.

B

Check-up

1 학교의 규칙을 따르는 것은 중요하다.

2 어떻게 그것이 가능하니?

3 오늘 아침에 날씨가 맑았다.

4 당신은 내 모든 질문에 답해야 할 필요가 있다.

⇒ 문제해결

1 It은 가주어이고 to이하가 진주어이다.

2 앞에 나온 말을 받는 it이다.

3 It은 날씨를 나타내는 비인칭 대명사이다.

4 It은 가주어이고 that이하가 진주어이다.

◎ 어휘

important 중요한　　　**rule** 규칙
possible 가능한　　　**necessary** 필요한, 필수의

개념확인문제　　　p.90

1 ④　2 ③　3 ②　4 ⑤　5 ③　6 ② 7
yours　8 It　9 her bicycle　10 a nice skirt

1-2

해석

1 Jane과 나는 배가 고프다. 우리는 뭔가 먹고 싶다.

2 많은 사람들은 인터넷을 통해 그들의 책을 구입한다.

⇒ 문제해결

1 Jane과 I를 대신하는 대명사는 We이다.

2 Many people을 대신하는 소유격 their가 알맞다.

◎ 어휘

through ～을 통해서

3-4

해석

3 선반 위에 있는 야구 모자들은 그의 것이다.
그의 학교는 언제 시작하니?

4 공부는 좀 어때?
영어를 완벽하게 구사하는 데는 오랜 시간이 걸린다.

⇒ 문제해결

3 밑줄 친 곳에는 소유대명사와 소유격이 들어가야 한다. 소유대명사와 소유격의 형태가 같은 his를 고른다.

4 막연한 상황을 나타낼 때 it을 사용한다. It takes (사람) … to+동사원형 '(～가) ～하는데 시간이 … 걸리다'구문이다.

◎ 어휘

cap 모자　　　**shelf** 선반
master ～를 정복하다, 숙달하다

5 해석

① 책상 위에 책이 한 권 있다. 그것은 나의 것이다.

② 나는 컴퓨터를 샀다. 그것은 아주 좋았다.

③ 여기에서 역까지 얼마나 머나요?

④ 그는 죄가 없다. 나는 그것을 잘 안다.

⑤ 그는 예쁜 인형을 사서 그것을 그녀에게 주었다.

⇨ 문제해결

③ 거리를 나타내는 비인칭 대명사이고, 나머지는 지시대명사이다.

◎ 어휘

innocent 죄가 없는, 순진무구한

6 ⇨ 문제해결

② '주격-소유격' 관계이고 나머지는 모두 '주격-목적격' 관계이다.

7-8 해석

7 이것들은 너의 공책이지, 그렇지 않니?

8 오늘은 3월 1일이다.

⇨ 문제해결

7 '소유격+명사'를 대신하는 소유대명사 yours를 쓴다.

8 날짜를 나타낼 때 비인칭 대명사 it을 주어로 쓴다.

◎ 어휘

notebook 공책　　　**March** 3월

9 해석

A : 이것이 네 자전거니?

B : 아니, 그것은 내 것이 아니야. 그녀의 것 같은데.

⇨ 문제해결

소유대명사는 '소유격+명사'를 대신하는 표현이므로 hers을 her bicycle로 바꾸어 쓸 수 있다.

10 해석

Alice는 백화점에서 멋진 치마를 발견했다. 그녀는 내일 그것을 살 것이다.

⇨ 문제해결

앞에 나온 특정한 명사는 대명사 it으로 받는다.

◎ 어휘

skirt 치마

department store 백화점

Unit 28　　　p.91

A　🔊 Check-up

1 this　　　2 those　　　3 These

4 are　　　5 is

⇨ 문제해결

1~5 지시대명사 this(that)는 단수일 때 사용하고, 복수일 때는 these(those)를 쓴다.

◎ 어휘

fruit 과일　　　**expensive** 값비싼

B　🔊 Check-up

1 These are my new friends.

2 Are those bananas ripe?

3 Who are those women?

4 These are the new drawings.

5 How much are these ties?

⇨ 문제해결

1~5 단수명사를 가리킬 때는 this나 that 복수명사를 가리킬 때는 these나 those를 쓴다. these는 this의 복수형이고 those는 that의 복수형이다.

◎ 어휘

ripe 익은　　　**drawing** 그림

Unit 29　　　p.92

A　🔊 Check-up

1 one　　　2 any　　　3 Both

4 some

⇨ 문제해결

1 one은 앞에 나온 명사의 반복을 피하기 위해 쓰는데, 똑같은 사물이 아니라 '같은 종류'를 나타낸다.

2~4 '약간(의)'의 뜻은 'some, any'이지만, some은 '긍정문'에 any는 '부정문, 의문문'에 쓴다.

3 Both는 복수, One는 단수이다. 문장의 동사가 have(복수)이므로 Both가 올바르다.

◎ 어휘

umbrella 우산   **talent** 재능

B ▸ Check-up ◂

1 another   2 All   3 The other

4 others

⇨ 문제해결

1 내용상 '또 다른 하나'라는 뜻의 another를 고른다.

2 '그녀의 모든 CD'가 되어야 하므로 all을 고른다.

3 '하나는 ~ 다른 하나는 ~'라는 부정대명사가 필요하다. 따라서 the other를 고른다.

4 '몇몇은 ~이고 다른 사람들은 ~'라는 뜻의 부정대명사를 써야하는데, 이에 해당하는 것이 'some ~ others ~'이다.

◎ 어휘

classical music 클래식 음악

poetry book 시집

science fiction 공상 과학 소설

relative 친척

🐝 **개념확인문제**   p.93

1 ③   2 ①   3 ④   4 ④   5 ④

6 ①   7 ⑤   8 one, ones   9 it → one

10 dictionary

1-2

해석

1 저것은 새 인가요, 아니면 비행기인가요?

2 방에 세 명의 어린이들이 있다. 나는 그들 모두를 안다.

⇨ 문제해결

1 단수 동사 Is가 왔으므로 주어는 that이 온다.

2 세 사람 모두를 가리키는 all을 고른다.

◎ 어휘

airplane 비행기

3-4

해석

3 이러한 MP3 플레이어들은 매우 비싸다. 이것들은 내 부

모님의 가방이야.

4 질문할 게 몇 가지 있습니다. 커피 좀 드실래요?

⇨ 문제해결

3 MP3 players라는 복수를 수식하므로 These가 온다. be동사가 are로 They나 These가 올수 있다. 따라서 공통으로 들어갈 알맞은 단어는 These이다.

4 some은 '몇몇의'라는 뜻으로 긍정문에 쓴다. 권유의 의문문에서는 any가 아니라 some을 사용한다. 따라서 빈칸에 공통으로 들어갈 말로 some을 고른다.

5

해석

① 얘는 내 친구, Tina야.

② 이것 좀 봐!

③ 이것은 네 코트야.

④ 이 영화는 정말 재미있어.

⑤ 이건 정말 큰 호수구나.

⇨ 문제해결

④ This+명사로 뒤에 있는 명사를 꾸며주는 지시형용사이다. 다른 선택지에서는 this가 모두 지시대명사로 쓰였다.

6

해석

① 사람들은 공공장소에서 흡연을 해서는 안 된다.

② 그들 둘은 계란 샐러드를 만들고 있다.

③ 그들 모두 잘못되었다.

④ 나는 열쇠를 잃어버렸다. 그것을 찾아야만 한다.

⑤ 두 남자 중 한 명은 내 동생이고 다른 사람은 사촌이다.

⇨ 문제해결

① 일반인을 나타낼 때 사용하는 부정대명사는 one이다. ② both는 복수로 취급하기 때문에 is가 아니라 are가 와야 한다. ③ 긍정문에는 any가 올 수 없고 동사가 are(복수동사)로 내용상 all이나 both가 와야 한다. ④ 앞에는 나온 명사와 같은 것은 it으로 받는다. ⑤ 'one ~ the other ~'로 '하나는 ~, 나머지 하나는 ~'이라는 뜻을 가진 부정대명사이다.

◎ 어휘

public 공공의   **cousin** 사촌

7

해석

① 저는 몇 가지 좋은 소식이 있습니다.

② 그녀의 집에는 히터가 없다.

③ 몇몇 사람들은 그가 옳았다고 생각한다.

④ 당신은 여기에 카메라를 가져왔습니까?

⑤ 나는 노트북 컴퓨터가 없습니다.

⇨ 문제해결
⑤ 부정문에는 any를 사용한다.

8 해석

그는 다섯 마리의 고양이가 있다: 한 마리는 크고, 네 마리는 작다.

⇨ 문제해결
앞에 나온 명사의 반복을 피해 사용된 부정대명사로 앞에 형용사를 쓸 수 있는 부정대명사는 one뿐이다. 단수 명사는 one, 복수명사는 ones로 나타낸다.

9 해석

나는 재킷을 사기를 원한다. 나는 지금 분홍색 재킷이 있다. 나는 검은색 재킷을 살 것이다.

⇨ 문제해결
앞에 나온 불특정 명사를 받을 때 it이 아니라 one을 쓴다.

◎ 어휘

jacket 겉 옷

10 해석

저것은 내 사전이다.
→ 저 사전은 내 것이다.

⇨ 문제해결
That은 지시형용사로 사용할 수 있다. 따라서 빈칸에 지시형용사를 이용하여 That dictionary로 바꾸어 쓸 수 있다.

◎ 어휘

dictionary 사전

Review Test
p.94

1 ⑤	2 ③	3 ④	4 ⑤	5 ③

6 ②   7 ②   8 ⓐ 이것이 너의 할아버지 소유의 사진이니? ⓑ 이것이 너의 할아버지를 찍은 사진이니?

9 It	10 hers	11 It	12 ②	13 ③
14 ①	15 Both	16 ones	17 ⑤	18 ①
19 ⑤	20 ③			

1-3

해석

1 이것은 _____ 컴퓨터이다.

2 나는 남동생과 여동생이 있다. _____ 축구 팬들이다

3 A : 민수, _____ 내 남동생 John이야. John, _____ 내 친구 민수야.
   B : 안녕, John. 만나서 반갑다.
   A : 안녕하세요? 민수 형. 만나서 반가워요.

⇨ 문제해결
1 명사 앞에는 쓰이는 소유격을 고른다.

2 'a brother and a sister'를 받는 3인칭 복수형 주격대명사인 They를 써야 한다.

3 다른 사람을 소개할 때는 'this is+사람 이름'의 형식을 사용 한다.

◎ 어휘

soccer fan 축구 팬

4 해석

A : 이 카메라는 누구의 것이니?
B : 내 것 같은데.

⇨ 문제해결
'소유격+명사'의 역할을 하는 소유대명사가 필요하다.
(my camera = mine)

◎ 어휘

camera 사진기

5 해석

① 그는 요전 날에 그녀를 방문하지 않았다.
② 네 배낭은 어디 있니?
③ 저 사람들은 훌륭한 화가야.
④ 저 자전거는 그녀의 것이야.
⑤ 모든 선수들은 경기에서 최선을 다했다.

⇨ 문제해결
those는 that의 복수형태로 those 다음에는 복수명사가 와야 한다.

◎ 어휘

the other day 요전 날
backpack 배낭   **paint** 그림

6 해석

그 검은색 차는 _____이다.

⇨ 문제해결
be동사(is) 뒤에 소유대명사가 와서 보어로 사용될 수 있다.
it's는 it is의 줄임말이다.

7 **해석**

〈보기〉 매우 어둡구나!

① 이것은 시계이다; 그것은 스위스 시계이다.

② 지금 자정이 지났다.

③ 그렇게 하려고 해도 소용이 없다.

④ 내가 원하는 책은 빨간 책이다.

⑤ 이것은 즉시 해야할 필요가 있다.

⇨ **문제해결**

〈보기〉에 사용된 it은 시간, 거리, 계절, 명암, 요일, 날씨 등을 나타낼 때 사용하는 비인칭 대명사이며 뜻은 없다.

◎ **어휘**

midnight 자정   **necessary** 필요한

8 **해석**

ⓐ 이것이 너의 할아버지 소유의 사진이니?

ⓑ 이것이 너의 할아버지를 찍은 사진이니?

⇨ **문제해결**

ⓐ grandfather's는 소유대명사임에 유의한다.

◎ **어휘**

grandfather 할아버지

9-11 **해석**

9 내일 날씨가 좋을 것이다.

10 이 것들은 그녀의 책이다.

11 영어책을 읽는 것이 내겐 힘들다.

⇨ **문제해결**

9 날씨를 나타내는 비인칭 대명사 it이 필요하다.

10 '소유격+명사'의 역할을 하는 소유대명사가 필요하다.

11 주어가 길고 복잡하면 긴 주어를 문장 끝으로 보내고 문장 앞에 가주어 it을 쓴다.

◎ **어휘**

weather 날씨

12-14 **해석**

12 오늘은 일요일 입니다.

13 그 수학 문제를 푸는 것이 쉽지 않았다.

14 그는 토끼를 한마리 키운다. 그것은 귀엽다.

⇨ **문제해결**

12 요일을 나타내는 비인칭 대명사이다.

13 가주어 It이다.

14 앞에 나온 말 rabbit을 대신한다.

◎ **어휘**

problem 문제

15 **해석**

Aron은 축구를 잘한다.

Luise 또한 축구를 잘한다.

⇨ **문제해결**

Aron과 Luise 둘 다 축구를 잘하는 것이기 때문에 '둘 다'라는 의미의 부정대명사 both를 사용할 수 있다.

16 **해석**

나는 사과가 먹고 싶어요. 나에게 큰 것들을 주세요.

⇨ **문제해결**

앞에 나온 명사 some apples(복수)를 받는 복수 부정대명사가 필요하므로 ones가 알맞다.

17 **해석**

커피나 홍차 좀 드실래요?

몇몇 오렌지는 시고 몇몇은 달콤하다.

그녀는 어떤 옷도 사지 않았다.

⇨ **문제해결**

권유의 의문문에서는 some을 사용한다. '몇몇은 ~ 다른 것들은 ~' 뜻의 부정대명사는 'some, ~ others ~'이다. 부정문에서는 any를 쓴다.

◎ **어휘**

sour 신

18 ⇨ **문제해결**

② 뒤에 명사가 있으므로 '~의'라는 뜻의 소유격 His를 써야한다. ③ yours는 소유대명사로 '소유격+명사'를 나타내는 표현이다. 뒤에 room이라는 명사가 있기 때문에 소유대명사가 아니라 소유격이 와야 한다. ④ 밑줄 친 단어 다음에 동사가 오는 것으로 보아 주격 They가 와야 한다. ⑤ It의 소유격은 It's가 아니라 Its다.

◎ **어휘**

sweet 달콤한   **pilot** 조종사

thick 두꺼운

19-20

해석

19 ① 나는 그것의 소리를 좋아한다.

② Jane의 차는 매우 오래되었다.

③ 이것들은 Brown 씨의 그림들이다.

④ 그녀의 컴퓨터는 책상위에 있다.

⑤ 흰색 부츠는 Mary의 것이다.

20 ① 이 생각이 마음에 들지 않아.

② 이 가방은 그들의 것이다.

③ 이것은 좋은 장난감이 아니다.

④ 나는 어제 이 책을 샀다.

⑤ 그녀는 매일 이 프로그램을 본다.

⇨ **문제해결**

19 ⑤ 소유대명사이고, 나머지는 소유격이다.

20 ③은 지시대명사이고, 나머지는 명사를 수식하는 지시형용
사이다.

◎ **어휘**

painting 그림   **boots** (목이 긴) 장화

idea 생각

Reading   p.96

1 ③   2 ③   3 bike(bicycle)

4 They

1-2

해석

오늘은 John의 생일이다. John은 많은 친구들을 초대했고,
직접 요리했다. 식탁에는 음식들이 있다. John은 식탁 앞에
있다. Sam이 그의 옆에 앉아 있다. Alice는 John에게 선물
을 준다. "이것은 너를 위한 것이야." "오, 고마워." John이 말
한다. John과 그의 친구들은 즐거운 시간을 보낸다.

⇨ **문제해결**

1 ③ 'next to' 전치사 다음에 오는 대명사는 목적격으로 써
야 하므로 he를 him으로 고쳐야 한다.

2 긍정문이므로 some을 쓴다. both, ones는 복수로 취
급하기 때문에 셀 수 없는 명사 food와는 같이 쓸 수 없다.

◎ **어휘**

have a good time 즐거운 시간을 보내다

3

해석

내 남동생은 자전거가 있다. 나도 자전거가 있다. 그러나 나의
것은 낡고 더럽다. 그래서 나는 때때로 그의 자전거를 탄다. 부
모님은 내년에 새 자전거를 사주시겠다고 말씀하신다. 나는 새
자전거를 가질 때까지 기다릴 수가 없다!

⇨ **문제해결**

앞에 나온 bike의 반복을 피해 쓴 부정대명사이다.

4

해석

일요일이다. 날씨가 좋다. 우리 가족은 공원에 있다. 그 공원은
한강 옆에 있다. 많은 사람들이 이곳에서 일요일 오후를 즐기
고 있다. 아버지는 소라와 함께 달리기를 하고 있다. 나는 엄마
와 이야기하고 있다. 몇 명의 아이들이 우리들 가까이에 있다.
그들은 공을 가지고 놀고 있다. 개 한 마리가 그 소년들과 놀고
있다. 한 남자 아이가 공을 쫓아가고 있다. 그리고 그 개가 그를
뒤쫓아 달리고 있다. 강변에는 많은 사람들이 있다. _____ 낚
시를 하거나 강을 구경하고 있다.

⇨ **문제해결**

many people을 대신해서 쓸 수 있는 3인칭 복수 대명사인
they가 주어로 와야 한다.

◎ **어휘**

riverside 강변

Grammar in Conversation   p.97

1 He   2 ①   3 ①

4 (1) any   (2) it

1

해석

A : 엄마, 이분이 김 선생님입니다. 그분은 내 선생님이구요. 그
는 공립학교에서 수학을 가르치십니다.

B : 만나서 반갑습니다, 김 선생님. 저는 Kevin의 엄마,
Rebecca입니다.

⇨ **문제해결**

Mr. Kim은 남자이고 주어 자리이므로 He가 알맞다.

2

해석

① A : 이분이 당신 언니인가요?

    B : 예, 그것은 우주선입니다.

② A : 이것이 당신의 책인가요?

    B : 예, 그것은 제 것입니다.

③ A : 스푼 하나 있니?

    B : 응, 하나 있어.

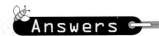

④ A : 이 아이들이 클럽에 참가하고 있나요?

　B : 아니오, 그들은 아닙니다.

⑤ A : 당신은 왜 밤에 일을 하시나요?

　B : 왜냐하면 미국에 전화를 해야만 하는데 시간차가 있어 서요.

⇒ 문제해결

① 질문과 무관한 내용을 답하고 있다.

◎ 어휘

spaceship 우주선

3 **해석**

A : 내일 당신 차를 빌릴 수 있을까요?

B : 아니오, 그럴 수 없어요. 제가 내일 사용해야 하거든요.

A : 어디서 펜을 잃어버렸니?

B : 나는 그것을 차에서 잃어버렸어.

⇒ 문제해결

밑줄 친 부분에는 your car와 your pen을 대신하는 특정 한 대명사 it이 올바르다.

◎ 어휘

borrow ~를 빌리다

4 **해석**

A : 추수 감사절에 어떤 특별한 음식을 드시나요?

B : 예, 그렇습니다. 우리는 칠면조를 먹지요.

A : 칠면조요? 나는 그것을 한번도 먹어보지 못했는데요.

⇒ 문제해결

(A) 의문문에는 any, 긍정문에는 some을 쓴다. (B) 앞에 나 온 turkey를 대신하여 사용할 수 있는 it을 쓴다.

◎ 어휘

special 특별한

Thanksgiving Day 추수 감사절

turkey 칠면조　　　　**taste** 맛을 보다

Chapter 7 형용사와 부사 훔쳐보기

Unit 30　　　　　　　　p.100

A

⦿ Check-up ⦿

1 good　　　　2 high　　　　3 many

4 something cold　5 much

⇒ 문제해결

1 명사 trip을 수식하는 형용사 good이 알맞다.

2 be동사의 보어가 될 수 있는 것은 형용사 high이다.

3 명사 holidays가 복수형이므로 수를 나타내는 many가 정답이다.

4 -thing, -body, -one으로 끝나는 대명사는 뒤에서 형용사의 수식을 받는다.

5 명사 work가 단수형이므로 양을 나타내는 much가 정답이다.

◎ 어휘

holiday 휴일　　　　**trip** 여행

B

⦿ Check-up ⦿

brown, small, short, soft, large, sweet

⇒ 문제해결

형용사는 명사 앞에 와서 명사의 성질이나 상태를 설명한다.

◎ 어휘

brown 갈색의　　　**pet** 애완동물

tail 꼬리　　　　　**blanket** 담요

bowl 그릇

Unit 31　　　　　　　　p.101

A

⦿ Check-up ⦿

1 well　　　　2 Happily　　　3 fast

4 perfectly　　5 will always

⇒ 문제해결

1, 4　동사를 수식할 수 있는 품사는 부사이다.

2 문장의 맨 앞에 부사를 쓰면 문장 전체의 의미가 더 풍부해진다.

3 fast는 형용사와 부사의 형태가 같다.

5 빈도부사(always)는 일반동사 앞이나 조동사, be동사 뒤에 위치한다.

◎ 어휘

rabbit 토끼

B
Check-up

1 easily   2 carefully   3 well
4 hard

⇨ 문제해결

1~4   동사를 수식하는 부사로 바꾸어야 한다. easy는 easily로, careful은 carefully로, good은 well로, hard는 형용사와 부사의 형태가 같다.

◎ 어휘

careful 주의 깊은, 신중한

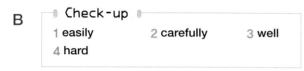

Unit 32   p.102

A
Check-up

1 easier, easiest   2 thinner, thinnest
3 harder, hardest   4 larger, largest
5 better, best   6 longer, longest

◎ 어휘

thin 마른, 얇은

B
Check-up

1 shorter   2 taller   3 shortest
4 tall

⇨ 문제해결

1~3   막대의 키가 A가 제일 크고, C, D는 같으며 B가 제일 작다.

4 'as+형용사(부사)의 원급+as …'는 '…만큼 ~하다'의 뜻으로 원급 비교 구문이다.

🐝 **개념**확인문제   p.103

1 ③   2 ③   3 fast   4 ③   5 ①
6 ①   7 ③   8 ⓐ 행복하게도 그는 죽지 않았다. ⓑ 그는 행복하게 죽지 않았다.   9 ④   10 ②

1 ⇨ 문제해결
③은 불규칙 변화를 하는 형용사로 bad- worse - worst이다

2 ⇨ 문제해결
③ early는 부사와 형용사의 형태가 같다.

3 ⇨ 문제해결
'as+형용사(부사)의 원급+as …'는 '…만큼 ~하다'의 뜻으로 원급 비교 구문이다

4-5
해석
4 나는 마침내 작은 도마뱀 한 마리를 샀다.
5 그는 일요일에는 결코 집에 있지 않는다.

⇨ 문제해결
4 명사를 수식하는 형용사는 명사 앞에 놓인다.
5 빈도부사(never)는 일반동사 앞이나 조동사, be동사 뒤에 위치한다.

◎ 어휘
finally 마침내   **lizard** 도마뱀

6-7
해석
6 내 남동생은 나보다 중국어를 더 잘한다.
7 제주도는 한국에서 가장 큰 섬이다.

⇨ 문제해결
6 than으로 보아 밑줄 친 부분에는 비교급 better가 알맞다.
7 내용상 '제주도는 한국에서 가장 큰 섬이다.'가 되어야 하므로 최상급 biggest가 알맞다.

◎ 어휘
Chinese 중국어   **island** 섬

8 ⇨ 문제해결
ⓐ Happily는 문장 전체를 수식하는 부사이고, ⓑ happily는 동사를 수식하는 부사이다.

◎ 어휘

happily 행복하게

9 해석

① 그는 스키를 매우 잘 탈 수 있다.

② 날씨가 매우 좋다.

③ 이것은 매우 좋은 생각이다.

④ 그녀는 매우 예쁘다.

⑤ 나는 매우 피곤하다.

➡ 문제해결

④ pretty는 형용사로 '예쁜'의 의미이고, 나머지는 부사로 '매우, 꽤'의 뜻으로 뒤에 있는 형용사를 수식하고 있다.

◎ 어휘

weather 날씨   **tired** 피곤한

10 해석

① 너는 내가 먹는 것보다 많이 먹는다.

② 그녀는 Tom만큼 영리하다.

③ 나는 어젯밤보다 기분이 좋다.

④ 서울은 부산보다 더 크다.

⑤ 나는 Mike보다 일찍 일어났다.

➡ 문제해결

② 'as+형용사(부사)의 원급+as …'는 '…만큼 ~하다'의 뜻으로 원급 비교 구문이다.

Review Test   p.104

1 ②	2 ①	3 ⑤	4 ③
5 heavier than	6 ④	7 ①	8 ⑤
9 ④	10 ⑤	11 ③	12 ④
13 ④	14 (A) Fortunately (B) better		
15 boring	16 most	17 careful → carefully	
18 worse	19 ②		
20 animals in the zoo never look happy			

1 ➡ 문제해결

hot과 같이 단모음+단자음으로 끝나는 단어는 끝자음을 다시 한 번 쓰고 -er, est를 붙인다.

◎ 어휘

useful 유용한

2-3

해석

2 그에게는 매우 영리한 아내가 있다.

3 David는 James만큼 키가 크다.

➡ 문제해결

2 명사 wife를 수식하는 형용사가 필요한 자리이므로 smart(영리한)가 알맞다.

3 'as+형용사(부사)의 원급+as …'는 '…만큼 ~하다'의 뜻으로 원급 비교 구문이다.

◎ 어휘

smart 영리한, 총명한

4 해석

나는 Daniel보다 어리다.

나는 우리 가족의 막내이다.

➡ 문제해결

첫 번째 빈칸에는 than이 있는 것으로 보아 밑줄 친 부분에는 비교급이 와야 하므로 younger가 알맞다. 두 번째 빈칸 앞에 the가 있으므로 최상급이 와야 한다.

5 해석

Tom은 43kg이다. Brian은 50kg이다.

➡ 문제해결

-y로 끝나는 형용사/부사는 비교급, 최상급을 만들 때 -y를 i로 바꾸고 -er, -est를 붙인다.

◎ 어휘

heavy 무거운

6 해석

① 그녀는 많은 돈을 가지고 있다.

② 우리는 친구가 없었다.

③ 그들은 그곳에서 거의 아무것도 보지 못했다.

④ 유리잔에는 주스가 거의 없었다.

⑤ 바구니에는 빵이 많지 않다.

➡ 문제해결

④를 제외한 나머지는 'many, few(수)/much, little(양)'이 잘못 사용되었다. ① many는 much로 ② little을 few로 ③ a little을 a few로 ⑤ many를 much로 바꿔야 한다.

◎ 어휘

basket 바구니

7-8

⇨ **문제해결**

7 빈도부사(always)는 일반동사(smiles) 앞에 놓인다.

8 ~thing이 붙어 있는 명사를 수식하는 형용사는 명사 뒤에 위치한다.

◎ **어휘**

always 항상

9 **해석**

① 그것들은 멋있는 차들이다.

② 그녀는 멋있는 여자이다.

③ 그는 나에게 멋있는 모자를 주었다.

④ 그 장면은 멋있었다.

⑤ Tom은 멋진 애완동물을 가지고 있다.

⇨ **문제해결**

④ be동사의 보어로 사용된 서술적 용법의 형용사이고, 나머지는 명사를 수식하는 형용사이다.

◎ **어휘**

cap 모자 　　　　　　**pet** 애완동물

10 **해석**

① 그 이야기는 행복하게 끝났다.

② 그녀는 나이에 비해 젊게 보인다.

③ 그는 부지런히 일한다.

④ 그는 종종 컴퓨터 게임을 한다.

⑤ 그녀는 어머니보다 유명해졌다.

⇨ **문제해결**

⑤ -ful, -ous 등으로 끝나는 2음절의 형용사는 more, most를 앞에 붙여 비교급, 최상급을 나타낸다.

◎ **어휘**

ending 끝, 종말 　　　**for one's age** 나이에 비해
diligently 부지런히 　　**famous** 유명한

11 ⇨ **문제해결**

최상급을 고르는 문제로 'the+최상급+in'을 고른다.

12 **해석**

Adrew는 그의 어머니를 ＿＿＿ 돕는다.

⇨ **문제해결**

④를 제외한 나머지는 빈도부사이므로 일반동사(helps) 앞에

놓인다.

◎ **어휘**

sometimes 때때로

13 **해석**

① Joanna는 오늘 아침에 늦게 일어났다.

② 너는 열심히 공부해야 한다.

③ 독수리는 높이 난다.

④ 그녀는 차를 천천히 운전한다.

⑤ 그는 빨리 달렸고 경주에서 우승했다.

⇨ **문제해결**

①, ②, ③, ⑤는 형용사와 부사의 형태가 같다. 그래서 각각 late, hard, high, fast로 고쳐야 한다.

14 **해석**

많은 사람들이 그의 건강에 대해 걱정했다. 다행스럽게도, 그의 상태가 우리가 기대했던 것보다 훨씬 좋았다.

⇨ **문제해결**

(A) 문장 전체를 수식하는 부사 Fortunately가 알맞고, (B) than으로 보아 비교급 better가 알맞다.

◎ **어휘**

be worried about ~에 대해 걱정하다
fortunate 운 좋은 　　　**expect** 기대하다

15-16

⇨ **문제해결**

15 5형식 문장으로 빈칸에는 목적격보어가 필요하다. 목적격보어 자리에는 명사와 형용사가 올 수 있는데 내용상 boring이 알맞다.

16 형용사의 최상급 문제이다. exciting처럼 단어가 3음절 이상인 경우에는 비교급이나 최상급을 만들 때 more, most를 붙인다.

◎ **어휘**

exciting 흥미로운

17 **해석**

Jason은 항상 학교에서나 집에서 착하다. 그는 항상 그의 선생님의 말을 주의 깊게 듣는다. 그는 종종 그의 엄마가 집안일을 하는 것을 돕는다.

⇨ **문제해결**

내용상 '선생님 말에 주의 깊게 듣는다'가 되어야 하므로 careful이 부사 carefully가 되어야 한다.

◎ 어휘

household chores 집안일

18 해석

A : 오늘 기분은 어떠니?

B : 어제보다 더 나빠졌어.

A : 안 좋다니 유감이다.

⇨ 문제해결

bad는 비교급이나 최상급을 만들 때 불규칙 변화를 하는 형용사로 bad - worse - worst이다.

19-20

해석

동물원에 있는 동물들에 대한 대한 슬픈 사실이 있다. 동물원의 많은 동물들은 결코 행복해 보이지 않는다. 아마 그들은 실제 집과 가족들을 그리워하고 있을지도 모른다.

⇨ 문제해결

19 ~thing이 붙어 있는 명사를 수식하는 형용사는 뒤에 와야 한다.

20 빈도부사는 일반동사의 앞이나 조동사, be동사 앞에 위치한다.

◎ 어휘

sad 슬픈   **real** 진짜의

maybe 아마도, 어쩌면   **miss** 그리워하다

알맞다.

2 ⑤ hard는 형용사와 부사의 형태가 같다.

◎ 어휘

lately 최근에   **quiet** 조용한

3 해석

Kate는 Susan 보다 사회 수업을 더 많이 듣는다. 그녀는 일주일에 5시간을 듣고, Susan은 3시간만 듣는다.

⇨ 문제해결

비교급 문장으로 (A)에는 '더 많은'의 뜻인 more가, (B)에는 '~ 보다'의 뜻인 than이 알맞다.

◎ 어휘

soical study 사회

4 해석

정말 안 좋은 하루를 보냈다. 나는 평소보다 1시간 늦게 일어났다. 집에 아무도 없었기 때문에 다른 가족들은 벌써 다 나갔다고 생각했다. 내가 학교로 서둘러 가고 있을 때 갑자기 비가 세차게 내리기 시작했다. 나는 택시를 탔고 지갑을 가지고 오는 것 잊었다는 것을 깨달았다. 나는 엄마에게 전화를 해서 택시비를 가져와 달라고 부탁해야만 했다. 나중에 엄마가 와서 얘기했다. "오늘은 일요일이야. 왜 학교에 가고 있는 거니?" 정말 안 좋은 하루였다!

⇨ 문제해결

③ 비가 세차게 내린 것이기 때문에 형용사 heavy가 부사 heavily가 되어야 한다.

◎ 어휘

usual 평소의, 일상의   **already** 벌써

realize 깨닫다   **terrible** 지독한, 끔찍한

📖 Reading ━━━━━━━ ● p.106 ●

1 (A) late (B) quiet   2 ⑤   3 ①   4 ③

1-2

해석

이번 휴가에 John은 매일 아침 늦게 일어나고, 매일 오후에 친구를 방문하며, 그의 부인과 함께 집에서 조용한 저녁을 즐기려고 한다.

⇨ 문제해결

1 (A) late는 형용사로 '늦은'이라는 뜻과 부사로 '늦게'라는 뜻이 동시에 있다. lately는 부사로 '최근에'라는 의미이다.
   (B) 명사 evenings를 수식해야 하므로 형용사 quiet가

📖 Grammar in Conversation ━━━ ● p.107 ●

1 ③   2 ①   3 ②

1 해석

Yu-mi : Mike 좀 바꿔주시겠어요?

Mike : 네, 전데요.

Yu-mi : 안녕, Mike. 나 유미야. 너 지금 무엇을 하고 있니?

Mike : 방 청소를 하고 있어.

Yu-mi : 나는 수학 숙제를 하는 중이야. 그게 너무 _____. 좀 도와줘.

Mike : 좋아.

⇒ **문제해결**

'좀 도와줘'라고 부탁하는 것으로 보아 수학 숙제가 어려움을 알 수 있다.

◎ **어휘**

This is he speaking. (전화에서) 접니다.

2 **해석**

A : Steve는 대개 일요일에 무엇을 합니까?

B : 그는 종종 수영하러 갑니다. 그는 정말로 수영하는 것을 좋아합니다.

A : Steve가 다음 주 일요일에 무엇을 할 예정인가요?

B : 그는 하이킹을 할 예정입니다.

⇒ **문제해결**

① usually는 빈도부사이므로 일반동사 앞에 위치한다. 따라서 What does Steve usually do가 맞다.

◎ **어휘**

go ~ing ~하러 가다

3 **해석**

① A : James, 키가 얼마나 큰가요?

 B : 저는 당신만큼 큽니다.

② A : 당신 남동생은 몇 살인가요?

 B : 그는 당신과 나이가 같아요. 그는 당신보다 두 살 더 많아요.

③ A : 고기를 어떻게 해 드릴까요?

 B : 잘 익혀 주세요.

④ A : 나한테 돈 좀 빌려줄 수 있니?

 B : 얼마나 필요한데?

⑤ A : 방에는 몇 명의 학생이 있나요?

 B : 약 20명의 학생이 있습니다.

⇒ **문제해결**

② 나이가 같다고 하고서는 두 살 더 많다고 했으므로 어색하다.

◎ **어휘**

be one's age 나이가 같다

well-done (고기가) 잘 익은(구워진)

Chapter 8 전치사와 접속사 구경하기

Unit 33 p.110

A ┌ Check-up ┐

1 at 2 on 3 by

4 on 5 in

⇒ **문제해결**

1, 5 at은 '~에'라는 뜻으로 비교적 좁은 장소나 구체적인 장소 앞에 쓰고, in은 '~(안)에'라는 뜻으로 건물이나 어떤 공간의 내부, 또는 비교적 넓은 장소를 나타낼 때 쓴다.

2 on은 '~ 위에'라는 뜻으로 어떤 장소의 표면과 접촉해서 위에 있음을 나타낸다.

3, 4 위치를 나타내는 전치사 by는 '~ 옆에'라는 뜻이고, on은 표면에 닿은 상태로 '~위에'라는 의미이다.

◎ **어휘**

wall 벽   **coin** 동전

B ┌ Check-up ┐

1 in 2 at 3 on

4 under 5 into

⇒ **문제해결**

1 비교적 넓은 장소를 나타낼 때는 in을 쓴다.

2 at은 '~에'라는 뜻으로 비교적 좁은 장소나 구체적인 장소 앞에 쓴다.

3 on은 '~ 위에'라는 뜻으로 어떤 장소의 표면과 접촉해서 위에 있음을 나타낸다.

4 under는 '~ 아래에'라는 뜻이다.

5 내용상 '~ 안으로'라는 의미가 되어야 하므로 into가 알맞다.

◎ **어휘**

trap 덫

Unit 34 p.111

A ┌ Check-up ┐

1 in 2 at 3 on 4 on

5 on 6 at 7 in 8 on

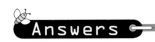

⇨ 문제해결

1~8 시간을 나타내는 전치사 at은 '구체적인 시각, 특정 시간(정오, 밤, 자정)' 앞에 쓰고, on은 '요일, 날짜, 특정한 일시' 앞에 사용한다. in은 '오전, 오후, 저녁, 달, 계절, 연도' 앞에 쓴다.

◎ 어휘

November 11월   **January** 1월
fall 가을

B

⇨ Check-up

1 in   2 for   3 before
4 during   5 in

⇨ 문제해결

1~5 시간을 나타내는 전치사 on은 '요일, 날짜, 특정한 일시' 앞에 사용하고, in은 '오전, 오후, 저녁, 달, 계절, 연도' 앞에 쓴다. before는 '~ 전에'라는 뜻이고, for, during 모두 '~동안'이라는 뜻이지만, for는 숫자와 함께 쓰이는 말과, during은 일정한 기간을 나타내는 말과 함께 쓰인다.

◎ 어휘

turn off (전원을) 끄다

🐝 **개념**확인문제   p.112

1 ④   2 ④   3 ②   4 ①   5 ⑤
6 ③   7 ②   8 ⑤   9 after   10 at

1-3

해석

1 봄에 Sally는 여러 종류의 아름다운 꽃을 판매한다.
2 나는 항상 정오에 점심을 먹는다.
3 유럽에는 방문할 만한 장소들이 많다.

⇨ 문제해결

1 계절 앞에는 전치사 in을 쓴다.
2 구체적인 시간 앞에는 전치사 at을 쓴다.
3 비교적 넓은 장소(도시, 국가, 대륙 등) 앞에는 in을 쓴다.

◎ 어휘

spring 봄   **kind** 종류
have lunch 점심을 먹다   **place** 장소, 지점

4

⇨ 문제해결

'~ 동안'이라는 뜻을 가진 시간의 전치사로는 for와 during이 있는데 summer vacation이라는 특정한 기간이 왔기 때문에 during을 고른다.

◎ 어휘

travel 여행하다   **vacation** 방학

5-6

해석

5 ① 일주일 동안 비가 많이 내렸다.
   ② 그는 저녁 식사 후에 산책을 한다.
   ③ 나는 7시 전에 집에 가야 한다.
   ④ 탁자 아래에 고양이가 있다.
   ⑤ 그는 1월 5일에 피아노 레슨을 시작했다.

6 ① 하늘에 있는 별들을 보아라!
   ② 고양이가 지붕 위를 걷고 있다.
   ③ 이 교실 안에는 20명의 학생들이 있다.
   ④ 나는 아이들 옆에 앉아 있다.
   ⑤ 침대 앞에 꽃병을 놓아라.

⇨ 문제해결

5 ⑤ 날짜 앞에는 전치사 on을 쓴다.
6 ③ '~안에'라는 뜻의 장소 전치사는 in이다.

◎ 어휘

take a walk 산책하다   **lesson** 교습, 레슨
roof 지붕   **flower vase** 꽃병

7

해석

나뭇잎들은 가을에 색을 바꾼다.
우리는 주말마다 야구를 한다.

⇨ 문제해결

계절 앞에는 전치사 in을 쓰며, on weekends는 '주말마다'라는 뜻이다.

◎ 어휘

on weekends 주말마다

8

해석

① 나는 밤에 공부하는 것을 좋아한다.
② 우리는 3시에 회의가 있다.
③ 그녀는 4시에 집에 온다.
④ 나는 보통 자정에 잠자리에 든다.
⑤ 나는 저녁에 숙제를 한다.

⇒ **문제해결**

⑤ 아침, 저녁 등 하루 중 일부의 시간을 나타낼 때에는 전치사 in을 쓴다.

◎ **어휘**

midnight 자정

9-10

⇒ **문제해결**

9 '~ 후에'라는 뜻의 전치사는 after이다.

10 장소의 전치사 at은 '~에'라는 뜻으로 비교적 좁은 장소, 구체적인 장소 앞에 쓴다.

◎ **어휘**

bus stop 버스 정류장

Unit 35   p.113

A   Check-up

1 but	2 and	3 or	4 so
5 but	6 and	7 but	8 or

⇒ **문제해결**

1, 5, 7 문장의 앞뒤 내용이 서로 대조된다. 따라서 but을 고른다.

2 서로 비슷한 내용을 연결하고 있으므로 and을 고른다.

3, 8 내용상 '토요일 또는 일요일', '동물원 또는 수족관'이 되어야 하므로 or을 고른다.

4 내용상 '추워서 수영하러 갈 수 없다'가 되어야 하므로 so를 고른다.

6 세 개 이상의 것을 열거할 때에는 마지막 단어 앞에 and을 놓는다.

◎ **어휘**

subject 과목

B   Check-up

and, but, and, but, or

⇒ **문제해결**

접속사 and는 '그리고'라는 뜻이고, but은 '그러나, 그런데', or는 '혹은, 또는', so는 '그래서, 그 결과'라는 의미이다.

◎ **어휘**

cute 귀여운   **noisy** 시끄러운, 소란한
snake 뱀   **lizard** 도마뱀

Unit 36   p.114

A   Check-up

1 when	2 because	3 After
4 If	5 that	

⇒ **문제해결**

1 내용상 '~할 때'라는 접속사가 필요하므로 when이 올바르다.

2 '결과+원인'이므로 접속사는 because가 필요하다.

3 내용상 '~한 후에'라는 접속사가 필요하므로 after가 알맞다.

4 조건을 나타내는 접속사 if가 필요하다.

5 명사절을 이끄는 접속사 that이 알맞다.

◎ **어휘**

fever 열   **cartoon** 만화

B   Check-up

1 ⓑ	2 ⓒ	3 ⓓ	4 ⓐ	5 ⓔ

⇒ **문제해결**

1 목적절인 명사절을 이끄는 접속사 that이 이어져야 한다.

2 내용상 '~할 때'라는 접속사가 필요하므로 when으로 연결되어야 한다.

3 내용상 '~ 전에'라는 의미의 접속사가 이어져야 한다.

4 내용상 '~한 후에'라는 접속사가 필요하므로 after가 이어져야 한다.

5 '결과+원인'이므로 접속사 because를 고른다.

개념확인문제   p.115

1 ①	2 ③	3 ①	4 ③	5 ③	6 ②
7 after	8 after	9 because	10 ②		

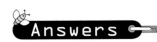

1-3

해석

1 그들은 결혼을 했고 행복한 삶을 살았다.

2 커피와 홍차 중에 어떤 것을 더 좋아하십니까?

3 밤에 운전할 때는 더 조심하세요.

⇨ **문제해결**

1 '그리고'의 접속사가 필요하므로 and가 올바르다.

2 '또는'이라는 의미의 접속사가 필요하므로 or가 올바르다.

3 내용상 '~할 때'라는 접속사가 필요하므로 when이 알맞다.

◎ **어휘**

get married 결혼하다   **careful** 주의 깊은

4

해석

① 그녀는 그가 돈을 훔치는 것을 보았다.

② 우리는 그 게임에서 졌다는 것을 믿을 수 없었다.

③ 저 노란색 셔츠를 입어 볼 수 있습니까?

④ Mandy는 수영을 잘하기를 바란다.

⑤ Jimmy는 그 소식이 사실이 아니라는 것을 알고 있다.

⇨ **문제해결**

①, ②, ④, ⑤는 접속사이고 ③은 지시형용사이다.

5

해석

내 남동생은 키가 작지만, 나는 크다.

부모님은 힙합 음악을 좋아하지 않지만, 나는 그것을 좋아한다.

⇨ **문제해결**

앞 뒤 문장이 내용상 서로 대조를 이루고 있으므로 접속사는 but을 고른다.

6

해석

차를 운전하기 전에 안전벨트를 매라.

Tony는 아침에 늦게 일어나서 학교에 지각했다.

⇨ **문제해결**

처음 빈칸에는 '~하기 전에'라는 접속사가, 두 번째 빈칸에는 이유를 나타내는 접속사 because가 알맞다.

◎ **어휘**

fasten (좌석벨트 등을) 매다
seatbelt 좌석(안전)벨트

7

⇨ **문제해결**

'~한 후에'라는 접속사 after가 알맞다.

◎ **어휘**

graduate 졸업하다

8-9

해석

8 나는 샤워하기 전에 운동을 한다. = 나는 운동한 후에 샤워를 한다.

9 나는 숙제가 아주 많다. 그래서 나는 오늘밤에 나갈 수 없다. = 나는 숙제가 아주 많기 때문에 오늘밤에 나갈 수 없다.

⇨ **문제해결**

8 '~한 후에'라는 뜻의 접속사는 after이다.

9 '결과+원인'의 구조이므로 because가 알맞다.

◎ **어휘**

exercise 운동하다
take a shower 샤워하다

10

해석

① 쇼가 끝났을 때 어떤 일이 일어났니?

② 남동생은 언제 떠났니?

③ 그가 집에 도착했을 때 아무도 없었다.

④ 내가 미국에 갈 때 삼촌 댁을 방문할 것이다.

⑤ 내가 외출했을 때 비가 내리고 있었다.

⇨ **문제해결**

의문사 when은 '언제'라는 뜻이고, 접속사 when은 '~할 때'라는 뜻이다. ②의 when은 의문사이고, 나머지는 모두 접속사이다.

◎ **어휘**

happen 발생하다

Review Test
p.116

1 at	2 on	3 between	4 ④
5 on the morning → in the morning			6 ④
7 ④	8 ⑤	9 ①	10 ④
11 ①	12 ⑤	13 (A) on (B) In	
14 ②	15 Because	16 But	17 in
18 ③	19 ④	20 ①	

1

해석

어제 6시에 일어났습니까?

나는 버스 정류장에서 Brian을 보았다.

⇒ **문제해결**

특정 시간 앞에 쓰이는 전치사와 비교적 좁은 장소나 구체적인 장소 앞에서 쓰이는 전치사는 at이다.

2-3

⇒ **문제해결**

2 '~위에'라는 의미의 장소 전치사는 on이다.

3 between A and B는 'A와 B 사이에'라는 뜻이다.

◎ **어휘**

shelf 선반   **police station** 경찰서

post office 우체국

4

해석

① 너는 어렸을 때 뭐가 되고 싶었니?

② 당신이 집에 도착했을 때 그녀는 무엇을 하고 있었습니까?

③ 정전이 됐을 때 완전히 어두웠다.

④ 넌 언제 이 책 두 권을 빌렸니?

⑤ 내가 Rome에 도착하면 전화할게.

⇒ **문제해결**

①, ②, ③, ⑤는 '~할 때'라는 의미를 가진 접속사이고 ④는 '언제'라는 의미의 의문사이다.

5

해석

8시 전에 버스를 타야하기 때문에 나는 보통 아침 7시에 일어난다. 오늘 아침 늦게 일어나서 그 버스를 놓쳤다.

⇒ **문제해결**

'아침에'라는 표현은 in the morning이다.

◎ **어휘**

take a bus 버스를 타다

6

해석

① 패션 잡지가 탁자 밑에 있다.

② Martin은 창문을 향해 공을 던졌다.

③ 서점 옆에 빵집이 있다.

④ Allly는 Joanna앞에 앉아 있다.

⑤ 공은 바구니 안에 있다.

⇒ **문제해결**

'~의 앞에' 라는 뜻의 전치사는 in front of이다.

7-8

해석

7 우리는 열심히 노력했으나 이기지 못했다.

8 약 백명의 사람들이 그 행사을 위해 모여 있었다.

⇒ **문제해결**

7 '열심히 노력했으나 이기지 못했다.'라는 뜻의 앞 뒤 내용의 대조를 이룬다. 따라서 but을 고른다.

8 '약, 거의'라는 뜻의 전치사는 about이다.

◎ **어휘**

win 이기다, 승리하다   **event** 행사

9

해석

그녀는 어제 12시간 동안 잠을 잤다.

수업 중에는 얘기를 하지 말아라.

⇒ **문제해결**

내용상 빈칸에 '~ 동안'이라는 시간을 나타내는 전치사가 필요하다. '~ 동안'이라는 뜻을 가진 전치사에는 for, during이 있는데, for는 숫자 함께 쓰이는 말 앞에, during은 일정한 기간 앞에 쓴다. 따라서 for - during을 고른다.

10-11

해석

10 나는 팔이 부러졌기 때문에 테니스를 칠 수 없었다.

11 나는 휴가를 갈 때 항상 해변에 간다.

⇒ **문제해결**

10 원인을 나타내는 ④에 위치해야 한다.

11 내용상 '휴가를 보낼 때'가 되어야 하므로 ①에 위치해야 한다.

◎ **어휘**

break 부러지다   **arm** 팔

vacation 방학, 휴가   **beach** 해변

12

해석

그는 젊고 _____하다.

⇒ **문제해결**

접속사 and은 대등한 관계에 있는 말들을 연결한다. and 앞에 형용사 young이 있으므로 명사의 boy는 올 수 없다.

◎ **어휘**

healthy 건강한   **strong** 강한, 튼튼한

tough 강인한   **handsome** 잘생긴

13 해석

A : 넌 언제 태어났니?

B : 크리스마스날 태어났어.

A : 정말이야? 그럼, 어디서 태어났니?

B : Atlanta에서.

⇨ **문제해결**

날짜 앞에 쓰이는 전치사는 on, 장소 앞에 쓰이는 전치사는 in이다.

◎ **어휘**

be born 태어나다

14 해석

① 그녀는 그것이 자신의 것이 아니었다고 말했다.

② 나는 그 책을 읽기를 원하지 않는다.

③ 나는 그가 매우 용감했다고 생각했다.

④ 사실은 그 남자가 도둑이다.

⑤ 그녀가 어제 돌아오지 않았다는 것은 사실이 아니다.

⇨ **문제해결**

②는 지시형용사이고, 나머지는 접속사이다.

◎ **어휘**

brave 용감한　　　　　**fact** 사실

thief 도둑

15-16 해석

15 A : 왜 당신은 그렇게 일찍 그곳을 떠나셨나요?

　　 B : 왜냐하면 제가 할 일이 있었기 때문입니다.

16 A : 피아노를 치는 법을 배우지 않았나요?

　　 B : 물론, 배웠지요. 그러나 많이 잊어버렸어요.

⇨ **문제해결**

15 이유에 대한 질문이므로 because로 답해야 한다.

16 앞 뒤의 내용이 대조를 이룬다. 따라서 but이 알맞다.

17 해석

미국에서 학교는 9월에 시작한다.

⇨ **문제해결**

월과 나라 앞에는 전치사 in을 쓴다.

◎ **어휘**

September 9월

18-19

⇨ **문제해결**

18 '~할 때까지'라는 의미의 전치사는 until(till)이다.

19 '~옆에'라는 뜻의 전치사구는 next to이다.

20 해석

① 나는 집에 머무르지 않았다.

② 그녀는 한국에서 왔다.

③ 나무 밑은 시원하다.

④ 김 박사님은 사무실에 있었다.

⑤ Alex는 창문 옆에 앉아 있었다.

⇨ **문제해결**

① '집에'라는 표현은 at home이다.

Reading　　　　　　　p.118

1 ④　　　　　　2 ⓐ On　ⓑ At

3 (A) When　(B) because　　　　4 ④

1 해석

나는 우리 학교 야구부원이다. 어제 방과 후에 첫 시합을 가졌다. 나는 홈런을 쳤다. 그래서 친구들이 기뻐서 소리를 질렀다. 나는 팀에서 최고의 선수로 뽑혔다. 매우 행복한 날이었다.

⇨ **문제해결**

내용상 결과를 나타내는 접속사 so가 적절하다.

◎ **어휘**

home run 홈런　　　　**shout** 소리를 지르다

2 해석

당신은 Willy Loman의 18번째 생일 파티에 초대되었습니다.

(　　) 3월 2일

(　　) Whiteways 호텔 저녁 8시 부터

⇨ **문제해결**

주어진 보기 중에서 ⓐ에는 날짜 앞에 쓰이는 전치사 on을 ⓑ에는 장소를 나타내는 at을 고른다.

◎ **어휘**

March 3월

3 해석

Hellen Keller는 1880년 6월 27일 Alabama주에서 태어났다. 그녀가 19개월 되었을 때 그녀는 병이 났다. 그녀가 그 병에서 회복된 후 그녀는 귀와 눈이 멀게 되었다. 그녀는 보지도, 듣지도, 말하지도 못했다. 다행히도, 그녀는 Anne Sullivian 선생님을 만났고 그 선생님은 Hellen의 삶을 바꿔 놓았다. 몇 년 후에 그녀는 사람들과 의사소통할 수 있었다. 왜냐하면 Anne이 그녀에게 수화를 가르쳐 주었기 때문이다.

⇒ 문제해결

첫 번째 빈칸에는 내용상 빈칸에 '～할 때'라는 뜻이므로 when이 필요하고 두 번째 결과의 이유를 설명하는 because가 필요하다.

◎ 어휘

recover 회복하다   **fortunately** 다행히도
several 몇몇의
communicate ～와 의사소통하다

4 해석

나는 방과 후에 집에 도착하면, 숙제를 먼저하고 저녁을 먹기 전에 내 동생을 돌본다. 저녁 식사를 한 다음 나는 엄마가 디저트 준비하는 것을 도와 드리고 나서 한 시간 동안 텔레비전을 본다. 잠자리에 들기 전에는 책을 읽고 책가방을 싼다.

⇒ 문제해결

'～동안'이라는 뜻으로 숫자+시간을 나타내는 말과 함께 쓰이는 전치사는 for이다.

◎ 어휘

invite 초대하다

🐝 Grammar in Conversation   ▶ p.119

1 ③   2 ③   3 ②

1 ⇒ 문제해결

요일 앞에는 on을, 시간 앞에는 at을 쓰고, around는 '～쯤에, ～경에'라는 뜻의 전치사이다.

2 해석

A : John, 너는 항상 늦는구나.
B : 죄송해요. 하지만, 전 일찍 일어날 수가 없어요.

A : 큰 문제구나. 더 일찍 잠을 자거라. 그러면 너는 일찍 일어날 수 있을 거야.
B : 매일 시도해보지만, 아주 어려워요.

⇒ 문제해결

대조적인 내용을 연결해야 하므로 빈칸에 공통으로 들어갈 접속사로 but이다.

3 해석

① A : 누구와 같이 갔니?
    B : 나 혼자 갔어.
② A : 언제 나갔어?
    B : 저녁에.
③ A : 넌 나의 전부야.
    B : 정말 고마워.
④ A : 그 영화는 무엇에 관한 거니?
    B : Abraham Lincoln.
⑤ A : 그녀는 왜 서두르니?
    B : 거기에 10시 전에는 도착해야 하기 때문이야.

⇒ 문제해결

② 아침, 오후, 저녁 등 하루 중 일부를 나타낼 때는 전치사 in을 쓴다.

◎ 어휘

hurry up 서두르다

실전모의고사 1회   p.120

1 ②	2 ④	3 ⑤	4 ①	5 ⑤
6 ②	7 ①	8 ③	9 ②	10 ⑤
11 ④	12 ④	13 Would	14 Let's	
15 a nice park		16 taller than		17 ②
18 after	19 but	20 and	21 ③	22 ④
23 to	24 ⓐ Kennedy, ⓑ Kennedy와 Lyndon Johnson		25 ①	

1-3 해석

1 어머니가 과학 선생님이셨다. 지금 나도 교사이다.
2 Tom과 Susan은 환상적인 부부지, 그렇지 않니?
3 그는 정말 그를 도울 수 있는 누군가가 필요했다.

⇒ **문제해결**

1 Now가 현재를 나타내는 부사이므로 am이 옳다.

2 부가의문문은 '동사+주어'어순이다. 앞의 동사가 긍정이면 부정으로, 주어는 대명사로 받는다.

3 명사 somebody를 수식하는 to부정사의 형용사적 용법이 필요하다.

◎ **어휘**

science 과학   **fantastic** 환상적인. 멋진

4 **해석**

A : 김여사는 직업이 뭐예요?

B : 그녀는 요리사입니다.

⇒ **문제해결**

B가 '요리사(cook)'라고 대답한 것으로 보아 '무엇'을 의미하는 의문대명사 What이 들어가야 한다.

◎ **어휘**

cook 요리사

5 **해석**

① Ann은 현재 집에 다섯 마리의 개를 키우고 있다.

② 한국 전쟁은 1950년에 발발했다.

③ 내 친구는 내년에 LCD TV를 살 예정이다.

④ 식물들은 물과 빛을 필요로 한다.

⑤ 그녀는 한 달 전에 프랑스로 갔다.

⇒ **문제해결**

① 현재 시제를 나타내는 now로 보아 현재 동사 has는 알맞다. ② 역사적 사실은 과거시제로 나타낸다. ③ next year는 미래를 나타내므로 미래 조동사 will은 옳다. ④ 불변의 진리를 나타낼 경우에는 현재시제를 사용하고, ⑤ a month ago로 보아 과거 동사 flew로 고쳐야 한다.

◎ **어휘**

break out (전쟁 · 화재 등이) 발발하다. 발생하다

plant 식물

fly 날다 cf) fly-flew-flown

6 **해석**

① 그녀는 결코 고기를 먹지 않는다.

② 그녀는 영어를 이해하나요?

③ Tom은 국수를 좋아하지 않는다.

④ Ann과 Sandy은 결코 TV를 보지 않는다.

⑤ 상자 안에는 많은 책들이 있다.

⇒ **문제해결**

② 일반동사가 포함된 문장의 의문문은 'Do/Does/Did+주어+동사원형 ～?'인데, 주어가 3인칭 단수 she이므로 밑줄 친 Do는 Does로 고쳐야 한다.

◎ **어휘**

noodle 국수   **not ～ at all** 결코 ～이 아닌

7 **해석**

① 진도는 섬이다.

② Jim은 어떤 소녀를 좋아한다.

③ 태양은 동쪽에서 뜬다.

④ 너는 Cindy와 저녁을 먹었니?

⑤ 김 씨는 하루에 8시간 일한다.

⇒ **문제해결**

① '하나'라는 개념으로 셀 수 있는 명사 쓰는 것이 부정관사 (a/an)이고, 명사 발음의 첫소리가 모음이면 an을 쓴다.

◎ **어휘**

island 섬

8 ⇒ **문제해결**

빈도부사 always는 조동사(should) 뒤에 와야 하고, carefully는 동사 drive를 수식해야 한다.

◎ **어휘**

carefully 주의 깊게

9 **해석**

① 런닝화 있으세요?

② 이 방 안에 잠자고 있는 아기가 있다.

③ 그 할머니는 지팡이를 가지고 있다.

④ 그녀는 작년에 가끔 수영장에 갔다.

⑤ 이 건물에는 춤추는 방이 있다.

⇒ **문제해결**

①, ③, ④, ⑤는 명사의 용도나 목적을 나타내는 동명사이고, ②는 명사의 동작이나 상태를 나타내는 현재분사이다.

10 **해석**

① A : 당신은 서울에 사셨나요?

   B : 예, 그랬습니다.

② A : 그가 그곳에서 무엇을 하고 있었나요?

   B : 그는 저녁식사를 하고 있었습니다.

③ A : 그들이 음악회를 보았나요?

   B : 아니오, 보지 않았습니다.

④ A : 당신은 오늘 아침에 화가 나셨나요?
　 B : 아니오, 그렇지 않았습니다.

⑤ A : 그녀가 점심식사를 했나요?
　 B : 예, 그녀는 몇 시간 전에 식사를 했습니다.

⇨ 문제해결
⑤ Did로 물었으므로 과거형 동사로 대답해야 한다.

11 해석
＿＿＿＿＿＿＿는 손에 멋있는 선물을 가지고 있다.

⇨ 문제해결
동사가 has라는 단수 동사이므로 복수를 나타내는 주어 ④
The tall men은 쓸 수 없다.

◎ 어휘
gift 선물

12 ⇨ 문제해결
조동사 다음에는 '동사원형'이 오고, buy는 4형식을 3형식으
로 바꿀 때 전치사 for를 쓴다.

13-14
해석
13 A : 커피 좀 드시겠습니까?
　 B : 아니오. 괜찮습니다.
14 A : 이번 일요일에 낚시하러 갑시다.
　 B : 좋은 생각입니다.

⇨ 문제해결
13 'Would you like to+동사원형～?'은 '～하시겠습니까?'
　 라는 권유를 나타내는 의문문이다.
14 'Let's+동사원형'은 '～하자, ～합시다'라는 뜻이다.

◎ 어휘
go fishing 낚시하러 가다

15 해석
A : 정말 멋진 공원이다!
B : 응, 정말로 그래.

⇨ 문제해결
What으로 시작하는 감탄문은 'What+(a/an)+형용사+명사!'
어순이다.

16 해석
A : Willy와 Victoria 중에서 누가 더 키가 크니?

B : Willy가 Victoria보다 더 커.

⇨ 문제해결
Willy가 주어이므로 '더 크다'라는 말이 와야 한다.

◎ 어휘
height 키, 신장

17 해석
피아노 치실 수 있으세요?

⇨ 문제해결
can으로 질문했으므로 can으로 답한 것을 찾는다. ②번과 ④
번 중에서 질문에 알맞은 주어를 사용한 것은 ②이다.

18-20
해석
18 설거지한 후에 나가도 좋다.
19 그녀는 정직하지만 현명하지 않다.
20 Tom과 Ann은 항상 같이 공부한다.

⇨ 문제해결
18 내용상 '～한 후'에 해당하는 접속사 after가 알맞다.
19 역접을 나타내는 접속사 but이 필요하다.
20 내용상 접속사 and가 알맞다.

◎ 어휘
wash the dishes 설거지하다

21-22
해석
James에게
어떻게 지내고 있니? 나는 잘 지내.
어제는 끔찍한 날이었어. 우리는 축구 경기에서 졌지. 우리는
열심히 했고 최선을 다했어. 그러나 이기지 못했어. 아버지가
말했어, "힘내! 이기는 것이 전부가 아니야." 학교 생활은 어떠
니? 얼른 답장해줘.
　　　　　　　　　　　　　　　　　　　　　Ron으로부터

⇨ 문제해결
21 try는 '자음+y'로 끝나는 동사이므로 -y를 i로 고치고 -ed
　 를 붙인다.
22 주어로 쓰일 수 있는 것은 동명사이다.

◎ 어휘
terrible 끔찍한
do one's best 최선을 다하다

23-25

해석

선거결과를 듣고 있던 중에 Kennedy는 그의 부통령 후보인 Lyndon Johnson과 전화로 이야기했다. 나중에 Kennedy는 Johnson이 그에게 다음과 같이 말했다고 전했다. "당신이 Ohio주에서는 지고 있으나, Pennsylvania주에서는 우리가 잘하고 있습니다."

⇒ **문제해결**

23 listen은 자동사로 전치사 to를 취해서 목적어를 취한다.

24 내용상 ⓐ는 Kennedy를, ⓑ는 Kennedy와 Lyndon Johnson을 가리킨다.

25 "당신이 Ohio주에서는 지고 있으나 Pennsylvania주에서는 우리가 잘하고 있습니다."는 '잘되면 내 탓, 못되면 조상 탓.'의 뜻이다.

◎ **어휘**

election 선거 　　　**result** 결과
report 보도하다

실전모의고사 2회　　　　p.123

1 ②	2 ③	3 ②	4 ⑤	5 ①
6 watching		7 ⑤	8 coming	
9 What	10 ③	11 ①	12 ②	13 ②
14 ③	15 because	16 (1) at (2) on		
17 busy	18 favorite	19 different		
20 interesting	21 doesn't let	22 ⑤		
23 Mine is old and dirty.	24 computer			
25 to wait				

1-3

해석

1 당신과 그는 매운 음식을 좋아하지 않는다.

2 A : Jane은 지금 어디로 가고 있습니까?
　B : 그녀는 교회에 가고 있습니다.

3 Nick은 그것을 알고 놀랐다.

⇒ **문제해결**

1 like가 동사이므로 ①, ③, ④는 동사이므로 올 수 없다. 주어가 복수(You and he)이므로 don't가 알맞다.

2 B의 응답으로 보아 밑줄 친 부분에는 장소를 나타내는 Where가 올바르다.

3 '원인'을 나타내는 to부정사의 부사적 용법이 필요하다.

◎ **어휘**

spicy 양념을 넣은, 매콤한
surprise 놀라게 하다

4-5

해석

4 그는 ＿＿＿＿＿처럼 보인다.

5 그는 ＿＿＿＿＿ 도서관에서 당신을 기다릴 겁니다.

⇒ **문제해결**

4 'look(~처럼 보이다)'은 불완전자동사로 보어 자리에 형용사가 온다.

5 'will wait'이 미래를 나타내므로 과거를 나타내는 last night와 사용할 수 없다.

◎ **어휘**

the day after tomorrow 모레

6

해석

나는 TV를 보는 것을 좋아하지 않는다.
Bill은 영화를 보는 것을 즐긴다.

⇒ **문제해결**

like와 enjoy는 동명사를 목적어로 취할 수 있다.

7

해석

〈보기〉 저 소녀는 누구니?

① 저것은 책이 아니다.

② 제가 너의 누나니?

③ 저게 뭐니?

④ 저분은 의사가 아니다.

⑤ 저 소년은 학생이 아니다.

⇒ **문제해결**

〈보기〉의 that은 명사 girl을 수식하는 지시형용사이다. ①, ②, ③, ④는 지시대명사로 주어 역할을 하고, ⑤는 지시형용사로 명사 boy를 수식한다.

8-9

해석

A : 안녕, 민수. 생일 축하해!

B : 안녕, Jenny. 와줘서 고마워. 코트 받아 줄까?

A : 고마워. 왜! 정말 대단한 파티구나!

→ 문제해결

8 for의 목적어로 쓰일 수 있는 동명사가 와야 한다.

9 'a+형용사+명사'가 있는 것으로 보아 what으로 시작하는 감탄문이다.

10 **해석**

A : 오늘 오후에 집에 있었니?

B : 응, 그랬어. 우리는 부엌에서 요리하고 있었어.

→ 문제해결

'Yes, we were.'라고 과거로 대답했으므로 'Were you ∼?'로 질문했음을 알 수 있다. We were 다음에는 진행형에 쓰이는 동사의 ∼ing형인 cooking이 올 수 있다.

◎ 어휘

this afternoon 오늘 오후

kitchen 부엌

11-12

해석

11 ① Tom의 남동생은 요리사이다.

　② 그녀는 영국출신이 아니다.

　③ 그들은 좋은 친구들이다.

　④ 우리는 중학생들이다.

　⑤ Jane은 친절한 소녀이다.

12 ① 내 취미는 요리하는 것이다.

　② 아버지는 자동차를 세차하고 계신다.

　③ 탁구를 치는 것은 재미있다.

　④ 내 소망은 경기를 이기는 것이다.

　⑤ 너는 숙제를 끝냈니?

→ 문제해결

11 ① Tom's는 소유격을 나타내고, 나머지는 be동사의 축약형이다.

12 ②는 현재분사이고, 나머지는 동명사이다.

◎ 어휘

hobby 취미　　　　　**table tennis** 탁구

13 **해석**

① 그는 고양이 한 마리를 키운다.

② 그녀는 너의 아버지를 아니?

③ 그녀는 남동생이 없다.

④ Smith 씨는 몇 권의 공책이 있다.

⑤ 김 씨는 그들을 가르친다.

→ 문제해결

② 일반동사가 포함된 문장의 의문문은 'Do(Does/Did)+주어+동사원형∼?'인데, 주어가 3인칭 단수 she이므로 Does를 쓴다.

◎ 어휘

notebook 공책

14 **해석**

그것은 매우 어렵고 흥미로운 것인지도 모른다.

① 도와 드릴까요?

② 제 이름은 May입니다.

③ 곧 비가 올지도 모른다.

④ 당신의 연필을 써도 될까요?

⑤ 너는 즉시 그곳에 가도 좋다.

→ 문제해결

주어진 문장의 may는 추측 '∼일지도 모른다'이다. ①, ④, ⑤에서 may는 허가(∼해도 좋다)의 의미이고, ②에서 May는 이름이다.

◎ 어휘

challenging 어려운, 도전적인

exciting 흥분시키는

15 **해석**

비가 왔었기 때문에 그들은 밖에 나가지 않았다.

나는 버스를 놓쳐서 학교에 늦었다.

→ 문제해결

앞 문장의 내용에 대한 원인이나 이유를 나타내고 있으므로 접속사 because가 온다.

◎ 어휘

miss (교통수단이나 기회 등을) 놓치다

16 **해석**

(1) 6시에 일어나니?

(2) 나는 일요일에 교회에 간다.

→ 문제해결

특정 시각 앞에는 전치사 at을 쓰고, 요일 앞에는 전치사 on을 쓴다.

17-20

해석

17 그는 많은 일을 한다. 그는 항상 바쁘다.

18 사과는 내가 가장 좋아하는 과일이다.

19 한국인은 일본인과 다르다.

20 동물들은 매우 흥미롭다. 나는 동물에 관한 책을 읽기를 좋아한다.

⇨ **문제해결**

17 앞 문장의 내용이 '그는 많은 일을 한다.'이므로 busy가 적절하다.

18 '제일 좋아하는'이란 형용사는 favorite이다.

19 '～와 다르다'는 'be different from'이다.

20 내용상 'interesting'이 알맞다.

◎ **어휘**

favorite 제일 좋아하는

21-22

해석

Bob는 내 동생이다. 그는 남에게 물건을 주는 것을 좋아하지 않는다. 먹을 것이 있으면 자신만이 아는 장소에 몰래 감추고 남이 그 장소를 모르게 한다. 그리고 나서는 혼자 다 먹어 버린다.

⇨ **문제해결**

21 내용상 '남이 그 장소를 모르게 한다'가 되어야 하므로 doesn't let이 알맞다.

22 동생이 욕심이 많은 것을 설명하고 있다.

◎ **어휘**

let ～하게 하다, ～하게 시키다

23-25

해석

내 남동생에게는 컴퓨터가 있다. 나에게도 컴퓨터가 있다. 그러나 나의 것은 낡고 더럽다. 그래서 나는 부모님께 새 컴퓨터를 사달라고 했다. 부모님은 내년까지 기다려야 한다고 말씀하셨다. 하지만, 나는 그때까지 기다리고 싶지 않다.

⇨ **문제해결**

23 나의 것은 'mine'이고, 낡고 더러운은 'old and dirty'이다.

24 컴퓨터에 대해 이야기하고 있으므로 one은 computer를 가리킨다.

25 내용상 '～해야 한다'라는 의미의 have to를 쓴다. 따라서 wait을 to wait으로 바꿔야 한다.

실전모의고사 3회   p.126

1 ②	2 ①	3 ③	4 ④

5 do you do on weekends   6 ③

7 model cars   8 ④   9 ③   10 ⑤

11 ①   12 ④   13 ①   14 ③

15 a small world it is

16 go to school by bus or on foot

17 are singing in the sky   18 (A) - one   (B) - It

19 to   20 ④   21 (A): on   (B): at   22 ⑤

23 ②   24 ②   25 What

1-3

해석

1 Bill은 어제 많은 실수를 저질렀다.

2 Julia는 피아노를 칠 수 있지, 그렇지 않니?

3 아버지는 금요일에는 늦게까지 일하지 않는다.

⇨ **문제해결**

1 yesterday가 명백한 과거를 나타내므로 made가 알맞다.

2 부가의문문에서 앞의 조동사가 긍정이면 부정으로, 주어는 대명사로 받는다.

3 '일상적인 이야기'는 현재시제로 나타내고, 주어가 3인칭 단수이므로 doesn't가 적절하다.

◎ **어휘**

a lot of 많은

make a mistake 실수를 하다

4

해석

A : 여기 근처에 은행이 있습니까?

B : 예, 슈퍼마켓 뒤에 있습니다.

⇨ **문제해결**

'～에 있다'는 표현은 'There is(are) ～'이다.

5-7

해석

Tom : 너는 주말에 무엇을 하니?

Ted : 나는 친구들과 축구를 해. 너는 어때?

Tom : 나는 내 남동생과 모형 차를 만들어.

Ted : 너의 여동생도 역시 그것들을 만드니?

Tom : 아니, 그녀는 바이올린을 연주해.

⇨ 문제해결

5 의문사가 있는 의문문의 일반동사가 포함된 문장의 어순은 '의문사+do/does/did+주어+동사원형 ~?'이다.

6 '~와 함께'라는 의미를 나타내는 전치사는 with이다.

7 내용상 'model cars'를 가리킨다.

8 **해석**

① 내 핸드폰은 너의 핸드폰보다 더 좋아 보인다.

② 누가 세계에서 가장 힘센 사람이니?

③ 너의 방은 그의 방보다 더 깨끗하다.

④ 분홍색 셔츠는 푸른색 셔츠보다 더 아름답게 보인다.

⑤ John은 Harry만큼 빨리 달린다.

⇨ 문제해결

④ than으로 보아 nicer(비교급)가 필요하다.

9 **⇨ 문제해결**

미래를 나타내는 표현은 미래 조동사 will이나 be going to를 이용해서 표현해야 한다. will 다음에는 동사원형이 온다.

10 **해석**

사람들은 안전 규칙들을 지켜야 한다.

⇨ 문제해결

have to는 '~해야 한다'라는 뜻으로 조동사 must나 should와 바꿔 쓸 수 있다.

◎ 어휘

obey 순종하다, 지키다   **safety** 안전
rule 규칙

11-12

해석

11 그는 _____ 학교가 끝난 후에 도서관에 간다.

12 우리는 어제 테니스를 치기 _____했다.

⇨ 문제해결

11 very는 형용사나 부사를 수식하고 동사를 수식할 수 없다. very를 제외한 나머지는 모두 빈도부사로, 빈도부사는 일반동사 앞에 위치한다.

12 enjoy는 동명사를 목적어로 취하는 동사이다.

13 **해석**

① 나는 너에게 말할 게 있다.

② 항상 일찍 일어나는 것은 어렵다.

③ 내 취미는 비디오 게임을 하는 것이다.

④ 하루에 10개의 CD를 파는 것이 나의 목표이다.

⑤ Tom은 내년에 한국에 오기를 원한다.

⇨ 문제해결

① to부정사의 형용사적 용법이고, 나머지는 명사적 용법의 to부정사이다.

◎ 어휘

goal 목표

14 **해석**

A : 도와 드릴까요?

B : 예, 저는 연필이 좀 필요합니다. 이 연필은 얼마입니까?

A : 300원입니다. 연필이 몇 자루 필요하세요?

B : 다섯 자루요. 여기 이 천 원 있습니다.

A : 감사합니다. 잔돈 여기 있습니다.

⇨ 문제해결

질문에 대해 300원이라고 대답하고 있으므로 (A)에는 가격을 묻는 질문이 와야 하며, (B)에는 개수를 묻는 질문이 와야 한다.

◎ 어휘

Here is the change. 잔돈 여기 있습니다.

15-17

⇨ 문제해결

15 What 감탄문은 'What+(a/an)+형용사+명사+주어+동사'의 어순이다.

16 일반동사가 포함된 문장의 의문문 어순은 'Do/Does/Did+주어+동사원형 ~?'이고, '버스로'는 by bus이고, '걸어서'는 on foot이다. '또는'에 해당하는 등위접속사는 or이다.

17 내용상 진행형(be+~ing)이 와야 하고, '하늘에서'라는 표현은 in the sky이다.

◎ 어휘

by bus 버스로   **on foot** 걸어서

18 **해석**

A : 죄송합니다. 여기 근처에 우체국이 있나요?

B : 예. 일번 가에 있어요. 슈퍼마켓 옆에 있어요.

⇨ 문제해결

불특정한 사물 중 하나를 가리킬 때는 one, 특정한 것을 가리킬 때는 it을 쓴다.

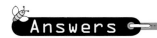

◎ 어휘

post office 우체국　　　**next to** ～옆에

19 **해석**

그는 의사가 되기를 원한다.

우리는 그녀를 다시 볼 예정이다.

⇨ **문제해결**

want의 목적어 역할을 하고, 'be going to+동사원형'은 '～할 예정이다'라는 뜻이므로 to부정사를 사용해야 한다.

20 **해석**

① 나는 피아노가 있다.

② 이것은 컵이다.

③ 나는 개 한 마리가 있다.

④ Jane은 바이올린을 켜기를 좋아한다.

⑤ 교실에는 선생님이 계신다.

⇨ **문제해결**

④에는 정관사 the, 나머지는 부정관사 a가 필요하다.

◎ 어휘

classroom 교실

21-22

해석

민수에게

일요일에 무엇을 할 거니? 나는 쇼핑을 갈 거야. 나와 같이 갈래? 난 새 자전거를 살 생각이야. 11시에 너희 집 앞에서 보자. 잘 있어.

Cody가

⇨ **문제해결**

21 요일 앞에는 전치사 on을, 시간 앞에는 전치사 at을 쓴다.

22 Cody는 민수와 함께 쇼핑을 가길 원했다.

◎ 어휘

go shopping 쇼핑하러 가다

23-25

해석

Ann에게

제가 제 친한 친구의 남자친구에게 홀딱 빠져버렸어요. 그의 이름은 Peter예요. 항상 그에 대한 생각을 하게 돼요. Peter와 제 친한 친구가 같이 있는 걸 보면, 그들은 너무나도 행복해 보여요. 하지만 저는 그들에게 굉장한 질투심을 느껴요. 어떻게 해야 하죠? 제 친한 친구에게 말해야 할까요? Peter에게 제가 그를 사랑한다고 말해야 할까요? 친한 친구를 잃고 싶지 않아요. 저 좀 도와주세요.

Jessica로부터

⇨ **문제해결**

23 친한 친구의 남자 친구를 사랑하게 되었다는 여학생의 고민 상담 편지이다.

24 빈도부사(always)는 일반동사(think) 앞에 위치해야 한다.

25 do의 목적어 역할을 할 수 있는 의문대명사 what이 적절하다.

◎ 어휘

be in love with ～에게 반해 있다

jealous 시기하는, 질투하는　**without** ～없이

뽀개기 1 LEVEL

정답 및 해설

내신 완벽대비

중학교 교과과정에서 요구하는 핵심 문법을 쉽고 간단하게 정리
내신 만점을 위한 다양한 유형의 단계별 TEST
수능 문법의 기초를 확립할 수 있는 CONTENTS
학습한 문법을 독해와 회화에 적용, 통합적인 영어 실력 향상

중학 영문법 뽀개기 시리즈

Level 1 ● Level 2 ● Level 3

www.nexusEDU.kr
넥서스 초·중·고등 사이트

NEXUS makes your next day
www.nexusEDU.kr | 책에 대해 궁금한 사항은 넥서스에듀 홈페이지 1:1 고객상담 게시판을 이용하세요.

넥서스 중등 영어 시리즈

Reading 시리즈

Reading 공감
Level 1~3

After School Reading
Level 1~3

My Final Reading Book
Level 1~3

The Reading
Level 1~3

Listening 시리즈

Listening 공감
Level 1~3

After School Listening
Level 1~3

The Listening
Level 1~4

도전! 만점 중학 영어듣기 모의고사
Level 1~3

공든탑 Listening
유형편, 적용편
실전모의고사 1·2

리스닝 본능
Level 1~4